実家の相続がまとまらない！

天野隆・伊藤かよこ
税理士法人レガシィ

青春出版社

はじめに

相続、それは誰にでも訪れる人生のターニングポイント。

今まで仲のよかった家族でも、相続を機に一気に関係性が悪くなり、その後疎遠になってしまう。あるいは、相続で多額のお金が手に入ったことで、身を持ち崩してしまったり、金銭トラブルに巻き込まれてしまったりすることも……。

一方で、相続前よりも絆が強くなる家族や、相続を経て幸せになる人もたくさんいます。

相続という家族の一大事を、どうすればうまく乗り越えられるのか——これからお話しする、ある家族の相続を通して、一緒に考えてみませんか。


物語は、商店街で和菓子屋を営む父が急死したところから始まります。

相続人は3人の子どもたち。実家の土地が予想外の値段だったことから、それぞれの想いが交錯し、話し合いは平行線どころか、やがて大ゲンカへと発展。

10カ月という相続のタイムリミットが迫る中で、空中分解寸前の家族が一つにまとまる秘策はあるのか。そして、3きょうだいが出した答えとは――。
この家族の物語、いったいどんな結末を迎えるのでしょうか。

各章の終わりでは、相続の基本や流れ、円満相続の秘訣についても解説しています。相続の手引書としてもお役立ていただけましたら幸いです。

『「実家の相続」がまとまらない!』目次

3章　四つ葉の秘密——初郎

4章　幸せのかたち――みどり

5章　いちばん大切な財産――初郎

カバー・本文イラスト　フクハラミワ
本文デザイン　田中彩里

※本書の内容はフィクションであり、実際の事例ではありません。また、2025年1月末の法令にもとづいています。

登場人物紹介 ……… 四ツ葉《よつば》家とその家族

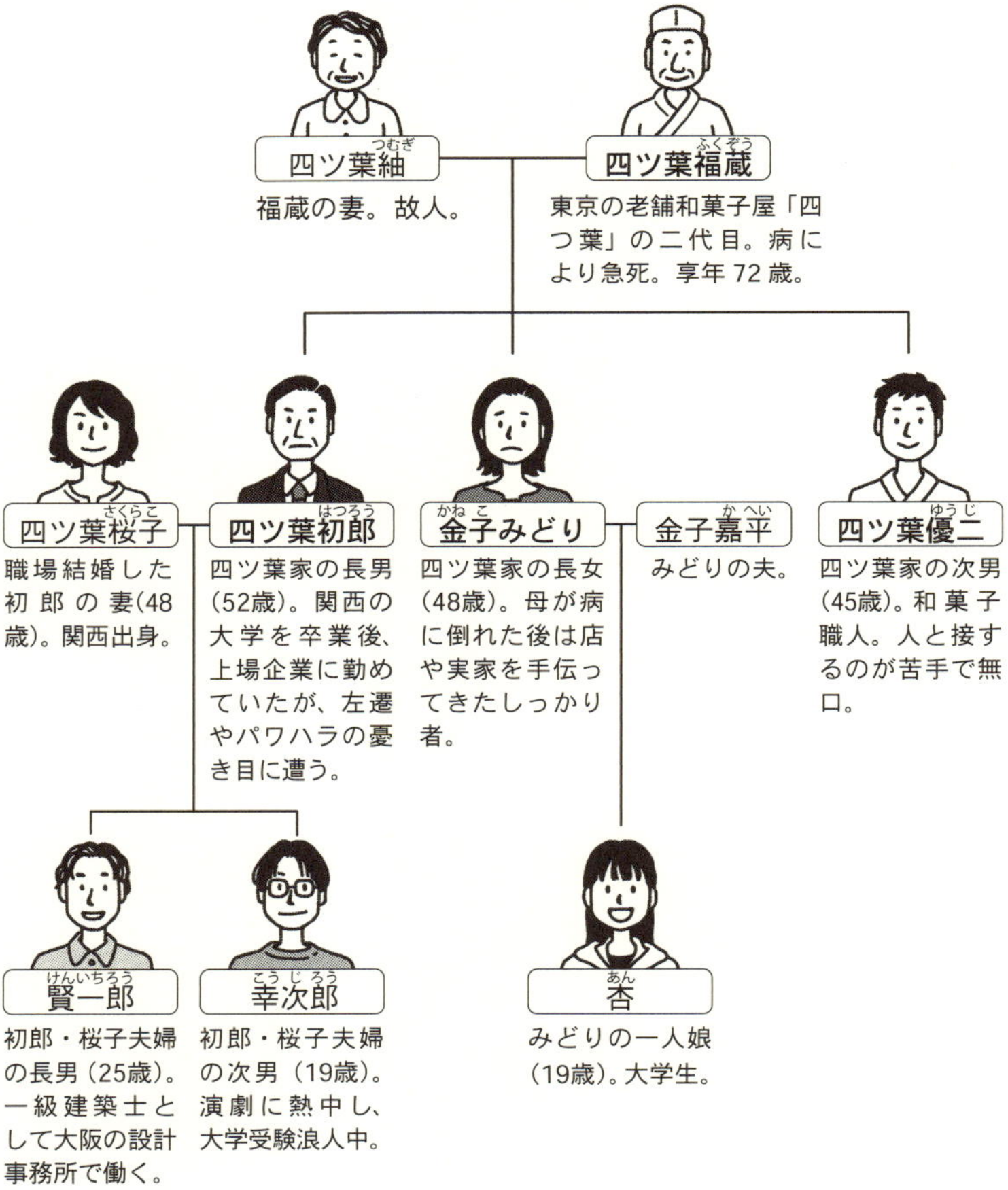

四ツ葉紬《つむぎ》
福蔵の妻。故人。
四ツ葉福蔵《ふくぞう》
東京の老舗和菓子屋「四つ葉」の二代目。病により急死。享年72歳。
四ツ葉桜子《さくらこ》
職場結婚した初郎の妻(48歳)。関西出身。
四ツ葉初郎《はつろう》
四ツ葉家の長男(52歳)。関西の大学を卒業後、上場企業に勤めていたが、左遷やパワハラの憂き目に遭う。
金子《かねこ》みどり
四ツ葉家の長女(48歳)。母が病に倒れた後は店や実家を手伝ってきたしっかり者。
金子嘉平《かへい》
みどりの夫。
四ツ葉優二《ゆうじ》
四ツ葉家の次男(45歳)。和菓子職人。人と接するのが苦手で無口。
賢一郎《けんいちろう》
初郎・桜子夫婦の長男(25歳)。一級建築士として大阪の設計事務所で働く。
幸次郎《こうじろう》
初郎・桜子夫婦の次男(19歳)。演劇に熱中し、大学受験浪人中。
杏《あん》
みどりの一人娘(19歳)。大学生。

田中さん

有名和菓子屋の社長。福蔵の修業仲間。

鈴木税理士

和菓子屋「四つ葉」の顧問税理士。

プロローグ――優二

父、倒れる

「火事ですか？　救急ですか？」

「き、き、き、きゅうきゅう……」

――落ち着け、落ち着け、落ち着け。

ゆっくり、ひと言ずつだ。優二《ゆうじ》は必死に自分に言い聞かせる。

目の前に父さんが倒れている。調理用白衣のボタンを引きちぎる勢いで苦しそうに胸をかきむしっている。すぐに駆け寄ったが、なにをどうすればいいのかわからない。

ただこれは間違いなく命に関わる緊急事態で、今の自分にできるのは1秒でも早く救急車を呼ぶことだけだということはわかる。こういう時に限ってスマホが見当たらない。

――早く！　早く！　早く！

落ち着け、まずはスマホを捜すことだ。スマホはいつもの棚の上にあった。スマホを手にして１１9番を押した。

「住所を教えてください」

「し、し、し……」

頼む、今だけでいい。言葉よ、出てきてくれ。

ボイラーには火が入り、蒸し器からは勢いよく蒸気が上がっている。父さんはいつも通り朝の作業を始めていたのだろう。連日の猛暑が続く8月、作業場の中はまるでサウナのようだ。暑さと緊張でダラダラと汗が流れ落ちる。汗をぬぐう余裕もなく優二は、言葉を絞り出そうと必死だった。

「し、し、し……」

だが優二が焦れば焦るほど、言葉はかたくなに出てこようとはしなかった。

1章　突然の別れ――みどり

通夜の席

8/3

四ツ葉《よつば》福蔵《ふくぞう》72歳、東京の下町にある和菓子屋「四つ葉」の二代目店主。健康診断の結果は文句なしの健康体、前日にはいつも通り朝から晩まで仕事、店先ではなじみの客と立ち話、夕食もきれいに平らげていた。不調のサインはどこにもなかった。長女みどりは、いまだに信じられない様子で福蔵が安置されている棺をぼんやりした目で見ていた。

弟の優二からスマホにメッセージが届いたのは、２日前の朝5時半過ぎ。

——父、たおれた。救急車よんだ

メッセージを読んで、反射的に電話のボタンを押しそうになって手を止めた。優二は言葉を発することができない。身体的に問題はないのだが、ここ何年も優二の声を聞いていない。優二は、子どもの時に吃音《きつおん》がきっかけで学校に行けなくなり、家にひきこもるようになった。そして、家族の前ですら口を開かなくなった。たいていのことは身振りや手振りで事足りるし、どうしても必要な時には筆談、わたしとは主にスマホのメッセージで話をしている。

――救急車は呼べたんだ。それならよかった。

電話をかけたところで、優二から詳しい状況は聞けそうにない。実家までは自転車で20分だ。行ったほうが早い。そう判断したみどりは、化粧もそこそこに家を飛び出した。

実家についた時、ちょうど救急隊員が父をストレッチャーに乗せて運んでいるところだった。

「お父さん」呼びかけに反応がない。父の顔面は真っ白で、生気を失うとはこういうことかとみどりは思った。それでもまだその時点では助かると信じていた。

救急車に同乗し、病院へ。そして、集中治療室、「残念ながら」から始まる医師の説明。それからのことはよく覚えていない。現実を受け止められない中で、物事が決まっていく。いつの間にか病院とつながりのある葬儀社に葬儀をお任せすることになっていた。みどりがはっきり覚えていることは、**「死亡診断書」**[注1]のコピーは多めに取っておい

注1　死亡診断書：医師が死亡の事実を証明する書類。日時、場所、死因等が記載されている。

てください。手続きに必要です」という葬儀社の方の言葉くらいだ。手にした死亡診断書には「虚血性心疾患」とあった。

優二から父が倒れたと連絡をもらったときは、一時的に入院することになったとしてもまた元気になるだろう、たとえ元気にならないとしてもしばらく看病をすることになるだろうと思っていた。母の場合、病気が見つかってから5年は生きたのだから。

病院から夫と娘に電話をかけた。駆けつけてくれた夫と交代して、みどりは四つ葉に向かう。店先にあったコピー用紙に「しばらくお休みします」と書き、店のシャッターに貼り付けた。次に本日受け取り予定の注文が入っているお客様に電話をかけて事情を話す。その場にぼーっと立ち尽くす優二をせかして、作業場を片付ける。食べられそうなものと廃棄せざるを得ないものを分け、必要なものを冷蔵庫へ入れた。

そうこうしているうちに葬儀社の方が福蔵の亡きがらとともに到着した。通夜は明後日、それまでの間、福蔵の亡きがらは自宅に安置することになった。最高気温34度の真夏日に室内の温度を20度以下に保ち続けなければいけない。

——電気代、一体いくらになるんだろう? 最近の電気代、高いもんなあ。電気代だけで数万円になったりして。そういえば……この家の電気代はお父さんの銀行口座から引き落とされるんだよね？　お父さんの口座っていつまで使えるんだっけ？　今のうちに葬儀代を引き出しておかないと。でも引き出していいんだっけ？　それって犯罪にならないよね？

ゆっくり考える間もなく、葬儀社との打ち合わせが始まった。葬儀のプラン、場所、日程などが葬儀社主導で決まっていく。

「喪主様はどなたが？」と聞かれ、その時、やっと兄初郎《はつろう》のことを思い出した。

初郎は中学から寮生活になり、家を出た。その後は関西の大学に進学し、そのまま関西で就職。実家にはめったに寄り付かない縁が薄い家族だ。そういえば、今年の春に関東に転勤になり、神奈川に住んでいると言っていた。それならすぐにでも来られるだろう。喪主は兄にやってもらおう。わたしは挨拶なんてやりたくないし、優二にはできないのだから。

こうして父と関係のある方々に電話をかけたり、折り返しかかってきたり、そのたびに状況を説明したりしているうちに慌ただしく時間が過ぎ、あっという間に通夜の日を迎えた。

「みどりさん」隣に座って声をかけてきたのは、兄初郎の妻、桜子《さくらこ》さんだ。桜子さんと会うのも久しぶりだった。兄の転勤に伴い、現在は神奈川のマンションに次男の幸《こう》次郎《じろう》くんと3人で暮らしているそうだ。

「皆さん、お帰りになられました」

通夜にはざっと50名以上の参列者が訪れた。和菓子屋四つ葉は、今でもにぎわいを見せる商店街の一角にある。その商店街は歴史が深く、店同士の結びつきが強いこともあって、多くの人が足を運んでくれたのだ。

「うちもそろそろ……」この斎場には宿泊施設がなく、全員がいったん帰宅し、明日の葬儀にまた出向くことになっている。

「そうね、解散にしましょうか」みどりがふと部屋の隅を見ると、初郎がかなり酔った様子で机に突っ伏していた。通夜振る舞いの席での兄のビールの飲み方は異様だった。まさか、父親の死にそれほどショックを受けたわけでもないだろうに。四ツ葉家の長男、喪主として今日くらいはしっかりしてもらわないと困る。

「お兄ちゃん、なんだか荒れてたね」

「ごめんなさいね。なんのお役にも立てずに」

「それはいいんだけど。ちょっと飲みすぎじゃない？　通夜の席なのに」

嫌味の一つも言いたくなる。名前だけとはいえ喪主なのだ。

桜子が気まずい空気を変えるように慌てて言った。

「四つ葉はこの先、優二さんが？」

「優二には無理よ」

この人たちは四つ葉のことをなにも知らないんだな。優二が1人で店をやっていけるわけがない。話すことができないということは、接客も電話もできないということだ。人を雇ったとしても指示すらできない。常識的に考えてわたしが四つ葉を継ぐしかないだろう。母が病に倒れてからは、わたしが母の代わりに四つ葉の接客と経理をやってきた。優二が菓子を作り、わたしがそれ以外のことをやる。なんとかやっていけるだろう、というよりやっていくしかない。

「ではまた明日。9時にはまいります」そう言って桜子さんは席を立った。桜子さんが、「帰るわよ」と幸次郎くんに声をかけた。

幸次郎くんとうちの娘の杏《あん》はたしか同じ19歳。杏は大学1年生、幸次郎くんは浪人中だと聞いた。2人は隣に座ってなにやら親密そうに話をしていた。これまで2人の間にはほとんど面識がなかったはずだけど。年齢が同じだと気も合うのかしらね。

「ごめんください。遅くなっちゃって」

和菓子屋四つ葉の顧問税理士の鈴木さんだ。鈴木さんは父の同級生でみどりが子どもの頃から四つ葉に出入りをしていた親戚のおじさんのような存在だ。

「みどりちゃん、大変だったね。びっくりしただろう？」

鈴木さんの優しい言葉で張り詰めていた気持ちが緩み、涙があふれそうになった。そう、父が倒れてからこの瞬間まで、ずっとずっと気を張ってきたのだ。兄と弟は、まったくと言っていいほど役に立たず、全部わたしがやるしかなかった。長い付き合いのある鈴木さんはそのことをわかってくれている。

「みどりちゃん、お葬式が終わったらしっかり休むんだよ。お店のことはゆっくり考えればいいから」

——お店のこと、か……。

胸のあたりがずんと重くなる。四つ葉を継ぎたいかと問われればノーだ。継ぎたいとは思わない。だけど、じゃあお店を閉めるのかと言われるとその決心もつかない。

和菓子屋四つ葉は祖父の代から始まり、今年で創業約80年。長い付き合いのあるお客さんからは、すでに数カ月先まで行事の席に必要な紅白饅頭《まんじゅう》や季節ごとのお菓子の注文を受けている。それに、儲けは決して多くはないとはいえ、四つ葉の経営は安定している。これからどこかにパートに働きに出るよりは多くの収入を得られるだろう。

そうは思うが、経営者になる責任を考えるとやはり気が重い。

「みどりちゃん、落ち着いたら連絡してね。相続のことでもほかのことでも、なんでも力になるからね」鈴木さんがみどりをいたわるように言った。

そうだ、相続の手続きだって進めなければ。まずはなにからやればいいんだろう？　銀行口座の名義の変更や、それに電気やガス、水道の名義も変えないと……。えっと、誰に変えればいい？　住んでいるのは優二だから……でも優二にお金の管理はできるのだろうか？　ああ、考えなければいけないことが多すぎる。みどりは押し寄せるプレッシャーに逃げ出したくなったが、そういうわけにもいかない。

「税金関係のことはまとめておくから」

「え？　税金？　確定申告はまだ先ですよね？」

今は8月。四つ葉は、福蔵の個人事業になっていて青色申告をしている。経理関係で税理士さんにお世話になるのは年明けでいいはずだ。みどりが確認すると鈴木さんは意外な言葉を口にした。

「**相続税**[注2]のほうがね……」

「相続税？　やだなあ。うちには関係ないですよ。相続するような財産なんてありません。うちの売上、鈴木さんがいちばんご存じのはずですよ」

その時、みどりは心からそう思っていた。

他人事ではなかった相続

後飾り祭壇には、福蔵の遺影と骨壷、そしてお供えのお花。お花の一部がまだ元気に咲いている。
お父さん、本当にいなくなったのね。無口で頑固、仕事一筋の職人。いい父親でもなかったし、特別な思い出があるわけじゃないけれど、それでも毎日顔を合わせていた人が急にいなくなると、人生の一部が大きく欠けたような気がする。
葬儀から5日が経った。人が亡くなると来客が増える。通夜や葬儀に参列できなかった近所の方、和菓子店の常連さん、商工会議所、和菓子組合、そして商店街の方々。多くの人がお線香をあげに来てくださった。無口な父だったが、縁のある人といい関係を築けていたようだ。来客の対応や香典返しの準備など、あっという間に時間が過ぎる。優二は作業場の椅子に座り込んでぼーっとしたままだ。父がいなくなったことで相当混乱しているのだろう。

「ごめんください」その日の来客は税理士の鈴木さんだった。これからのことを相談したいとみどりが連絡をしたのだ。

「みどりちゃん。少しは落ち着いたかな？」

「はい。ありがとうございます。お店は来週いっぱいまでお休みをして、その後ぼちぼち再開できたらと思っています」

「そう、みどりちゃんと優二くんで四つ葉をやっていくんだね」

「そうですね。不安だらけですけど、なんとかやってみます。ずっと四つ葉の仕事を手伝ってきたから、だいたいのことはわかりますし」

「それはよかった。福蔵さんもきっと天国で喜んでいるだろうね。ところで、長男の

注2　相続税：相続財産に課される税金。払うのは相続する人。

初郎さんはなんと?」

「兄とは話していません。兄は家族といっても形だけですから。四つ葉には関係ないですよ」

「いや、みどりちゃん。手続き上はそうもいかないんだよ」

「ええ、それは知っています。兄にも権利があるということですよね。でも、その権利は放棄してもらうつもりです」

「みどりちゃん。それは顔を合わせて話をしたほうがいい。初郎さんにここに来てもらうようお願いしてください」

鈴木さんの言葉を聞いて、みどりの中にかすかな不安が芽生えた。テレビの影響なのか、相続といえば骨肉の争いというイメージがある。でも、それはお金持ちの家の話よね。上場企業に勤めていて高給取りの兄が、古くて小さな和菓子屋をほしいと思うはずがないもの。

「じゃあね、まずは福蔵さんの戸籍謄本をもらってきてもらえるかな?」

「戸籍謄本ですね?」みどりはメモに戸籍謄本と書いた。

「福蔵さんの本籍地はここだよね?」

「多分、そうじゃないですか？　戸籍謄本ってなんに使うんですか？」

「相続人を明確にします。相続人は、初郎さん、みどりちゃん、優二くんの３名だと思うけれど」

「ええ、あの父に隠し子がいるとは思えません」みどりはあえて冗談を言って不安を払拭しようとした。

「福蔵さんの遺言は……なにか聞いている？」

「いいえ、わたしはなにも。優二にも聞いてみますね」

そう言うとみどりは立ち上がり、作業場にいた優二に声をかけた。父亡き後、優二はずっと作業場にこもり、鍋などの道具の手入れや作業場の掃除をしているようだ。

「優二、お父さんからの遺言ってなにか聞いてる？」

優二は首を横に振る。

「なにも聞いていないそうです」みどりは和室に戻って鈴木さんに言った。

「大事な書類はみどりちゃんが預かっているの？」

「いえ。でも多分この戸棚の中に全部あるはずです。なにが必要ですか？」

「土地建物の登記簿謄本、福蔵さん名義の銀行や証券などの口座、生命保険証書……。

福蔵さんは生命保険には加入されてた？」

「ああ、そういえば。昔は入っていたんですけど。母が亡くなった時に、生保の担当の人とモメて、怒って解約しちゃったんです」

「そう。福蔵さんはカッとなるところがあったからね」

「ですよね。わたしもよく怒鳴られました」

こうして父のことを話していると、怒鳴られたことすらいい思い出に感じる。

「お父さん、先のことを心配する人じゃなかったから。自分の死んだ後のことなんて考えてなかったんだろうな」

「最近では終活といって、生前に相続の事前準備をする人もいるけどね。福蔵さんはそういうタイプではないよね」

「ええ、父はまだまだ現役だと思っていたはずです」

「わたしも福蔵さんと同い年なのでよくわかるよ。自分の死後のことは考えたくないし、準備をするのも気が進まない」

鈴木さんは小さくため息をついた。部屋の空気が少し重くなる。しばらくの沈黙の後、みどりは話題を変えようと、少しだけ明るい声で口を開いた。

「じゃあ、わたしは戸籍謄本を取りに行って、財産に関係しそうな書類を探せばいいですね」

「はい、みどりちゃん、お願いしますね」

「その後はどうなるんですか?」

「**相続人**[注3]全員で財産の分け方を話し合って、話がまとまったら書類を作成します」

「わかりました」

「分割した割合に応じて相続税が発生します」

「この前もそうおっしゃっていましたけど、こんなに小さくて古い家に相続税なんてかかりますか?」

「家じゃなくて土地にかかるんだよ。この場所は商店街の中にあるし、地下鉄の駅にも近い。2年前に地下鉄が通ったことで、このあたりの土地の値段は急激に値上がりしたからね」

「そうなんですか。全然知りませんでした」

「まあ、相続税はそれなりの額になるだろうね」

注3　相続人：財産を相続する権利を持つ人。配偶者が亡くなっている場合は子ども。戸籍で確認できる。

「え？　それなりって？　……100万円とか？」

「そんなものじゃすまないでしょう。1000万円……にはならないとは思うけど」

「え？　え？　そんな……うそ……」

みどりは激しく狼狽《ろうばい》した。今後の収入を考えて、軽い気持ちで四つ葉を継ぐつもりだったが、そのためには大金を払わなければいけないのだ。

「鈴木さん、相続税を払えない場合はどうなるんですか？」

「分割して払うか、土地を売って払うか、お金を借りて払うか、相続自体を放棄するか――土地を売る人が多いね」

そんな……相続税のために四つ葉を手放さないといけないなんて。そんな、そんなのって、ひどいじゃないか。

「相続税のために土地を売ったらなにも残らないじゃないですか！」

「土地を売却した分の現金が残るよ」

「え？　それはいくらくらい？」

「みどりちゃん、それは登記簿を確認してみないと」

「今、相続税の話を聞いて、わたしすごくびっくりして。だいたいでいいんです。土地を売れば、いくらくらいになるんでしょう？」

「まあまあ、みどりちゃん、落ち着いて。それは登記簿を確認してからにしましょう。いきなり相続税の話をしてしまってごめんなさい。軽率でした。一つひとつ順番にやっていきましょう。じゃあ、戸籍謄本と書類、そして、初郎さんへの連絡をお願いしますね」

鈴木さんは、ばつが悪いと感じたのか、少し慌てて立ち去った。

相続税……１０００万円？　相続税の話を聞いて、みどりの中で四つ葉を継ぐ気持ちが急激に冷めていった。そんな大金を払ってまで四つ葉を継ぎたいわけではない。それに、鈴木さんの口ぶりから、どうやらこの四つ葉の土地の値段は相当高いらしいということがわかった。

自宅に戻ったみどりは、インターネットで土地の値段を調べてみることにした。調べ方もよくわからないので手当たり次第に検索し、『財産評価基準書　路線価図・評価倍率表』というページにたどり着いた。地図から四つ葉の場所を探すと９３０という数字が書いてあった。これが**路線価**[注4]というもので、どうやら単位は１０００円で１平

注４　路線価：相続税の土地の評価基準となる価格。道路に価格がついている。国税庁のホームページ(https://www.rosenka.nta.go.jp) に載っている。

方メートルが93万円らしい。四つ葉の土地の広さは？　うろ覚えだが30坪だと聞いた気がする。たしか1坪は、約3・3平方メートルだから、30坪というと約99平方メートル。約99平方メートルに93をかけて、９２００……万円？

え？　ウソ！　え？　９２００万円？　1億円近いってこと？

スマホの計算アプリを操作するみどりの手が止まる。まだ信じてはいけない。路線価の見方がわかっていないのかもしれない。30坪もないのかもしれない。1桁間違えているのかもしれない。父の名義じゃないとか、なにかあるかもしれない。喜ぶのはまだ早い。まだ喜ぶな、そう自分を制しながらも、みどりは顔がにやけてしまうのを止められなかった。

15年ほど前、夫が血液の病気になった。10回ほどの入退院を繰り返し、そのたびに会社を休職した。生命保険の給付金、高額療養費制度、傷病手当金のおかげで食べることには困らなかったが、治療費や差額ベッド代で貯金が減っていき、生活はギリギリだった。本当はパートに出てお金を稼ぎたかったが、子育てと夫の看病でその余裕はなかったし、夫の病状が落ち着いたと思ったら、今度は母の紬《つむぎ》が倒れた。母の介護、母の代わりに四つ葉の手伝い、父と優二の身の回りの世話に追われ、外で働く余裕はなかった。

両親は古い考えの人で、近所に住む娘が家業を手伝うのは当たり前だと思っていたふしがあり、わたしは無償で手伝い続けた。夫の会社は中小企業で給料はそう高くない。マンションのローンと家族3人の生活だけで毎月カツカツの状態だ。幸いなことに娘は学業成績が優秀で、学費免除で大学に通うことができている。そうでなければ進学も危ぶまれた。

長い間、外食もしていないし、洋服も買っていない。旅行などたとえ1泊だとしても遠い憧れだ。このところ物価は上がり続けている。先月からマンションの管理費が増額になった。月に5000円、1年にしたら6万円もだ。

この15年間、いつもお金の心配とともに生きてきたし、その不安は軽くなるどころか重くなっていく。もし、夫の病が再発したら？　もし、娘の成績が下がって学費免除が打ち切られたら？

だからこそ四つ葉を継ごうと思ったのだ。四つ葉の純利益は平均すると毎月20万円前後だ。優二と2人で分ければ、月に10万円程度の収入が得られるだろう。新たにパートを探すよりはそのほうがいいと思った。

だけど……もう、そんな必要もないんだ。土地を売れば、仮に3人で分けたとしても3000万円が手に入る。夢みたいだ。こんな夢のようなことが自分の身に起きるなんて。お金の心配をしなくていいんだ。外食もできるし、洋服も買える。行きたいときに美容院に行って、旅行だって。そんな当たり前の幸せな生活ができるんだ。お父さん、お母さん、ありがとう。ほんとにありがとう。あまりの感激にみどりの目から涙が流れる。お金の不安から解放されるというのは、こんなにも幸せなことなのか。

この時点で、四つ葉を継ぐという選択肢はみどりの中から完全に消え去った。

第1回遺産分割協議

鈴木さんは祭壇の前に座り、お線香をあげている。鈴木さんから遅れること5分、兄初郎が到着し、弟優二とともに相続人3人がそろった。鈴木さんは、初郎に丁寧に挨拶した。和菓子屋四つ葉の顧問税理士であること、みどりの依頼で今回の相続手続きを代行することを話すと、初郎は「よろしくお願いします」と頭を下げた。

「では、これから遺産分割のための話し合いを行います。今日はまず相続に関しての手続きを説明いたします。最初に相続人の確定をいたします。ここにみどりさんが取ってきてくださった戸籍謄本があります。相続人は、初郎さん、みどりさん、優二さんの3名で間違いありませんｊ」

3きょうだいはうなずく。

「次に**財産目録**[注5]を作成します。みどりさんにお願いして福蔵さん名義の銀行や証券会社の口座などを確認していただきました」

「はい、これで全部だと思います。こちらが土地の権利書と登記簿です」

みどりが一式を鈴木さんに差し出した。

「金額で最も大きいのが土地です。登記簿の情報をもとに**評価額**[注6]を算定いたします」

「あの、みどりに電話で聞いたのですが、ここの土地は1億円で売れるってほんとですか？」

初郎が身を乗り出して聞いた。そんな初郎の様子を見て、みどりは初郎に自分が調

注5　財産目録：相続財産の一覧表。預貯金・土地・建物等の資産と借入金等の負債が記載されている。

注6　評価額：相続税を計算する上で財産の価値を金額で表したもの。

べた土地の値段を話してしまったことを深く後悔した。

土地の値段を計算した後、みどりは興奮し、誰かにこのことを話したくなって初郎に電話をかけてしまった。１億円だと言った瞬間、初郎の声が変わった。そして、すぐにでも話したいということになり、今日集まることになったのだ。

「いやいや、まあ、落ち着いてください。いくらで売れるかは、買い手と売り手の需要と供給次第です。それはわたしではなく不動産屋に聞かないとわかりません。わたしにできることは、この登記簿をもとに相続税の申告のもとになる評価額を算定することです」

「じゃあ、１億円っていうのは？」初郎は前のめりだ。

「ちょっと、お兄ちゃん、それはわたしが勝手に調べただけで正確かどうかはわからないって言ったでしょ？」みどりが初郎をたしなめる。

鈴木さんは、ひょうひょうとした様子で、

「こちらの登記簿をもとに次回までに計算してまいりますね。初郎さんは、土地の売却を希望されているのですね？」

「ええ。優二が１人で住むにはもったいないですから」

それは部外者のあなたが言うことではない。この家にほとんど関わりがなかったというのに、長男というだけでしゃしゃり出てこないでほしい。みどりはいら立った。

「お兄ちゃんは少し黙っててくれる？　土地をどうするかはわたしと優二で決めることだから」みどりが初郎に釘を刺す。

「優二はしゃべれないんだろ？」

「しゃべれるかどうかは関係ないでしょ！　優二の意見を聞きましょう」

全員の視線が優二に集まった。優二はスマホに文字を打ち込み、その画面を見せた。

〈ここで四つ葉を続ける〉

やっぱりそうか。きっと優二はそう言うだろうと思っていた。

「優二の気持ちはわかるけど……」みどりは優二をどう説得しようかと考える。

〈一緒に四つ葉をやろう〉

ごめん、その気持ちはもうない。早朝から夜まで四つ葉で働き、利益の半分を給料としてもらう。仮に月10万円として1年で１２０万円。10年で１２００万円。だけど、土地を売れば、今すぐに３０００万円ほどの現金が手に入るのだ。誰がどう考えてもそっちのほうがいい。

「わたしはやらないわ」みどりははっきりと宣言した。

〈四つ葉を続けるのは父さんの願い〉優二が真剣な面持ちで文字を打つ。

それは知っている。福蔵がそう願っていたことくらいわかる。だけど……。

そんなことより３０００万円だ。お金の心配からも四つ葉からも解放される。本来、他家に嫁いだわたしは実家を手伝う義理などない。でも病気の母、そして身の回りのことができない父と弟を前にして、手伝わないわけにはいかなかった。今だってそうだ。もし、優二がいなければ店なんて継がない。店を売ってしまえば、四つ葉からも解放される。そして３０００万円が手に入るのだ。

「優二はそんなに店をやりたいのか。じゃあ、ここを売ったお金を３人で分けて、優二の金で別の場所で店をやればいい」初郎がまた余計なことを言った。

優二にできるわけがない。なにも知らないくせに、口だけ出してくる兄に腹が立って仕方がなかった。

優二が激しく首を横に振って文字を入力する。

〈ここが四つ葉。ここを守る〉

３人のやりとりを黙って見ていた鈴木さんが優しい口調で言った。

「みどりちゃん、お店は続けないのかい？」

その言葉がみどりの罪悪感を刺激する。みどりはうつむいて小さな声で言った。

「あれからいろいろ考えたんです。やっぱり経営をやるなんて自信がなくて。だってわたし、ただの主婦ですし」

「みどりちゃんならできると思うよ。四つ葉には優二くんという腕のいい職人さんがいるんだから」

「でも」

鈴木さん、それ以上は言わないで。わたしだってわかっているの。父の想い、そして、常連さんたちの想い。四つ葉がなくなるとがっかりするお客さんがたくさんいることも。優二のことだって心配。四つ葉がなくなったら優二はこの先どうするのだろう？　でも、それよりも。誰がなんと言ってもわたしは目の前の３０００万円がほしい。

「みどりちゃん、まあまあそう結論を急がないで。今日のところは失礼します。この後はご家族水入らずでお話しなさってください」

鈴木さんが席を立った。和室のふすまの立て付けが悪く、開ける時にぎしぎしと音がした。みどりが玄関先まで鈴木さんを見送る。

3きょうだい、それぞれの主張

みどりが和室に戻ると、初郎と優二がお互いに視線を外したまま、黙って座っていた。しばらく沈黙が続く。みどりが口火を切った。

「あれから相続のこと調べたのよ。そしたらね、**寄与分**《きよぶん》[注7]といって、親の介護など家のことに貢献した人は多めにもらえるらしいのよ。それに、お兄ちゃんは中学から私立でしかも全寮制、大学も私立で仕送りももらっていたでしょう？　その分すでに財産をもらっていたことになるらしいわよ」

「だから？」初郎が不機嫌そうに言った。

「だから少しは遠慮してよ。お兄ちゃんはほとんどこの家に関係してこなかったじゃない。法律上は3等分かもしれないけれどさ」

「は？　相続を放棄しろと？」初郎がみどりをにらむ。みどりも、ここで負けじと声を張る。

「そこまでは言ってないでしょ？　例えばだけど、わたしが50％で優二が30％、お兄ちゃんは20％とか？」

「は？　なんでお前が50％なんだ！」

「だから、これまでお母さんとお父さんと優二の世話をしてきたからよ」

それに兄の家にはお金がある。大阪市内に一戸建ての自宅があり、息子2人は中学から私立に通っている。大企業に勤めているからきっと給料もいいのだろう。だったらいいじゃない。貧しいわたしに譲ってくれても。みどりはそう言いたかったが、さすがにその言葉は胸にしまった。みどりは優二に向き直った。

「優二がお店をやりたいという気持ちはわかるよ。でも、優二が1人ではできないのもわかるよね。わたしはやらないと決めたの。優二の住む場所は一緒に探すし、優二が和菓子屋で働きたいなら、雇ってくれるお店も一緒に探す。だから、四つ葉はあきらめて」

優二が首を横に振りながらスマホに文字を打ち込む。

〈あきらめない。絶対〉

注7　寄与分：相続財産の増加に貢献した分。生活の維持に貢献したものとは違う民法で定めた権利。これを主張できると相続上有利となる。

「お前、いい加減にしろよな」初郎が声を荒げた。

「現実を見ろよ、現実を。小学校も行けなかったお前は、社会のことをなんにも知らないだろ？　今まで、親やみどりが守ってくれたから生きてこられたんだろうが。経営のことをな〜んも考えずに、菓子を作るだけなんて誰でもできる」

優二の顔が赤くなり、スマホを握りしめた手がぶるぶると震えた。

「その言い方はないでしょう？　優二は優二なりに頑張ったのよ。学校だって何度も行こうとしたのよ。なにも知らないくせに。お菓子は誰でも作れるだなんてよく言えるわね。作ったこともないクセに。優二はこの道30年の職人さんよ。少しは尊敬しなさいよ！」

もう黙っていられない。みどりが気持ちを抑えられず、次の言葉を発しようとした時、

「い、い、い、や」優二が絞り出すような声で言った。

「お前は、黙って言うことを聞いておけばいいんだよ」初郎が言い終わるかどうかの瞬間、優二がなにかを叫んだかと思うと、初郎の胸ぐらをつかんだ。

「な、なにすんだよ」突き飛ばす初郎。その後はまるで子どものケンカだ。

「もう、いい加減にして！　あなたたち恥ずかしくないの。ほら、お父さんがここで見てるよ」みどりが大きな声を出す。

祭壇の父の写真が実際に涙でにじんで見える。

「お父さんが悲しんでるよ。やめてよ。お父さんが亡くなってまだ半月しか経ってないのよ。お父さん、まだその辺で聞いてるよ」

第１回遺産分割協議は、大荒れに荒れてお開きとなった。

【解説】

◎身近な人が亡くなったらやるべきこと

優二さんやみどりさんが慌てるのはよくわかります。

税理士法人レガシィの事例研究（以下２０２３年版）によれば、80歳未満で男性が亡くなることは29％ですから、72歳でお亡くなりになられた福蔵さんの死はまさに突然訪れたわけです。

参考までにお伝えすると、亡くなる方は80歳代が41％、90歳以上が30％となっています。

身近な人が亡くなった時、やるべきことは以下になります。

1　死亡診断書の取得

医師から死亡診断書を受け取ります。

2 **葬儀の手配**

葬儀社と相談し、葬儀の準備を進めます。

3 **役所への届出**

死亡届を役所に提出し、戸籍の手続きを行います。

4 **金融機関への連絡**

銀行や保険会社に連絡し、口座や保険の手続きを開始します。

5 **相続人の確認**

誰が相続人になるかを確認します。

6 **遺産の調査**

財産目録を作成し、相続財産を把握します。

7 **遺産分割協議**

相続人同士で遺産の分け方を話し合います。

8 **相続税の申告**

必要に応じて相続税の申告を行います。

【解説】

実務的には1、2、3は葬儀社がやってくれます。4、5、6、7、8は税理士等の専門家が手伝ってくれます。相続人の大きな仕事は、葬儀参列者への連絡となります。

◎財産の分け方を決める「遺産分割協議」

相続では、遺産分割協議といって、相続人が集まって、亡くなった人の財産をどのように分けるかを話し合う必要があります。平たく言うと、家族会議ですね。

四ツ葉家の第1回遺産分割協議では、土地の価格や寄与分、事業の継続のことなど、皆自分の考えを述べて、話がまとまらないまま終わってしまいました。

ただ、この3人の相続人の場合、近所に住んでいるおかげで話し合える機会を持てるのはいいことです。今は相続人同士が離れて暮らしていることが少なくありません。他県どころか海外ということもあります。

一般的に遺産分割協議は、次のように進めていきます。

遺産分割協議の流れ

1 **相続人の確認**
誰が相続人になるかを確認します。四ツ葉家の場合、初郎さん、みどりさん、優二さんという3人の子どもが相続人になりました。

2 **遺産の把握**
亡くなった人の財産（不動産、現金、預貯金、株式など）をリストアップし、その価値を評価して「財産目録」を作成します。

3 **協議の準備**
相続人全員が集まる日程を調整し、必要な書類を準備します。

4 **協議の実施**
相続人全員が集まり、遺産の分け方を話し合います。話し合いがまとまったら、遺産分割協議書を作成し、全員が署名・実印で押印します。

5 **遺産の分割**
遺産分割協議書に基づいて、実際に遺産を分けます。不動産の名義変更や銀行口座の解約など、具体的な手続きを行います。

【解説】

注意点としては、遺産分割協議は、相続人全員の同意が必要です。1人でも反対すると、協議は成立しません。

相続後は、故人の預金は下ろせない？

また、みどりさんは、相続後に、葬儀費用の工面について心配しています。基本的に故人の銀行口座は凍結されますが、遺産分割協議前でも相続預金の払い戻し制度を利用して一定の金額まで下ろすことが可能です。

◎誰が相続人になるのか

亡くなった方の戸籍を調べる際は、出生までさかのぼります。なぜかと言うと、相続人が誰かを確定するために必要だからです。

四ツ葉家の事例では、福蔵さんの配偶者紬さんはすでに亡くなっており、他に子どもがいませんでしたので、相続人は3人となりました。認知した子どもがいるケースもあります。その場合はその子どもも相続人となります。

最初に相続人が確定してないと遺産の分け方も決まりませんし、預貯金や有価証券を分ける時に金融機関で、不動産の場合は法務局でトラブルになります。相続人の確定は非常に重要です。

◎財産の分け方

財産を分ける場合は、遺言書があれば遺言書に従って分けます。

遺言書がない場合は、法定相続人（四ツ葉家の場合は子どもたち3人）で分けます。その分け方を決めるのが、前に述べた遺産分割協議というわけです。

遺産分割協議がまとまらない場合は、裁判等により、法定相続分を基準にして財産を分けることになります。

法定相続分

法定相続分は、相続人が被相続人（亡くなった人）の遺産をどのくらい相続するかを法律で定めた割合のことです。

【解説】

配偶者と子どもが相続人になる場合、配偶者が2分の1、子どもが2分の1となります（この2分の1を、子どもで均等に分ける）。

四ツ葉家の場合、被相続人の配偶者（この家族の場合は紬さん）はすでに亡くなっているので、子どもたちが相続人となります。子ども3人で均等に遺産を分けると、各人の法定相続分は3分の1ずつとなります。

子どもが2人の場合は2分の1ずつ、子どもが4人の場合は4分の1ずつになります。

法定相続分は、遺産分割の際の目安となるものです。ただし、あくまで目安であって、この通りに遺産分割しなくてもかまいません。相続人同士で話し合って決めた分け方でもいいのです。

民法第906条には分割の基準として、「遺産の分割は遺産に属する物又は権利の種類及び性質、各相続人の年齢、職業、心身の状態及び生活の状況、その他一切の事情を考慮してこれをする」とあります。

相続人になれる人と、その優先順位

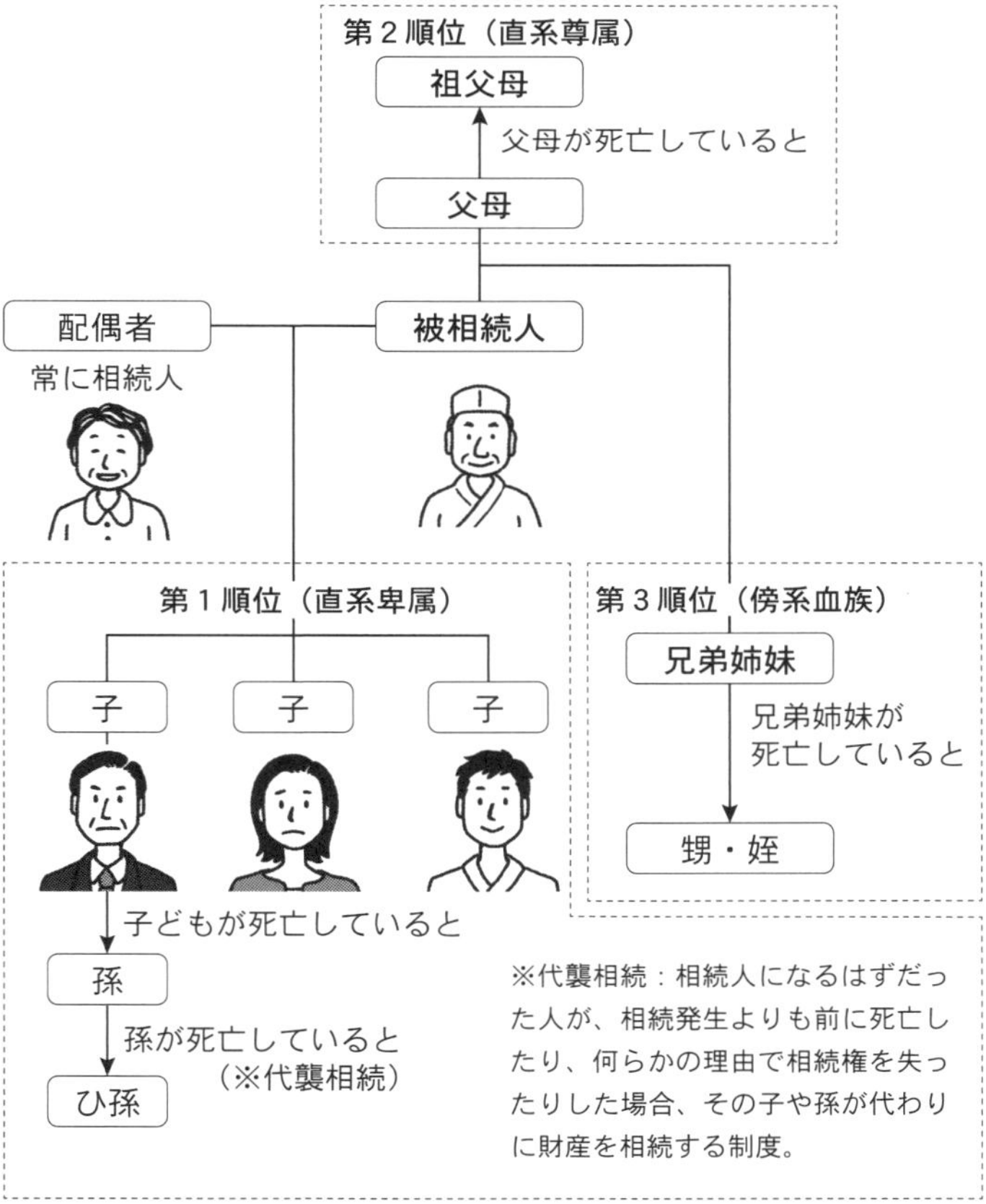

・配偶者＋子がいる場合

・子のみの場合

◎どんな財産に相続税がかかるのか

福蔵さんは商店街の中でも人気者だったようですね。葬儀にも、多くの人が出入りしています。商売というより、お客様に喜んでもらうことに尽力してきたのでしょう。預貯金は300万円と、それほど多くありませんでした。

それ以外の相続財産は、土地と家（1階はお店と作業場、2階は福蔵さんと優二さんの住居）です。

相続税がかかるもの

- **不動産**……土地や家などの不動産
- **現金・預貯金**……銀行口座の残高や現金
- **有価証券**……株式や債券など
- **動産**……車や宝石、家具などの動産
- **保険金**……生命保険の死亡保険金
- **債権**……貸付金や未収金などの債権

【解説】

相続税がかからないもの

・**祭祀財産《さいし》**……仏壇や墓地など、祭祀に関する財産

・**遺族年金**……遺族が受け取る年金

相続税がかからない財産はまだあります。それは個人が遺した形のない財産、目には見えない財産です。

例えば、お店の信用、近所のお客様の評判、優二さんに引き継がれた和菓子の製造技術、みどりさんに引き継がれた接客術、そして福蔵さんの生き方……こうしたものも立派な財産と言えるでしょう。しかし、これらは課税対象の相続財産になることはありません。

◎相続税の計算の仕方

四ツ葉家の場合、

・土地が9223・7万円

・家屋１００万円（建物の固定資産税価格で算出）
・預貯金３００万円

合計９６２３・７万円です。

相続人は初郎さん、みどりさん、優二さんの３人です。

相続税の計算方法を、四ツ葉家の事例で説明します。

基礎控除の計算

相続税は、すべての財産にかけられるのではなく、課税対象となる相続財産から一定額を引いてくれる制度があります。これが基礎控除です。

これにより、納める相続税が減額されるのです。

基礎控除額は次の式で計算します。

四ツ葉家の相続税課税対象財産

相続財産	土地	路線価	93万円
		坪	30
		㎡（坪に3.306を掛ける）	99.18
		相続税評価額（路線価×㎡）	9223.7万円
	建物(固定資産税評価額×1.0)		100万円
	預貯金		300万円
相続税課税対象合計			**9623.7万円**

土地は路線価、建物は固定資産税評価額をもとに算出。それ以外の預貯金などの財産を足したものが、最終的な相続税課税対象財産となる。

3000万円＋(600万円×法定相続人の数)

四ツ葉家の例では、法廷相続人は3人なので、基礎控除額は、3000万円＋（600万円×3人）＝4800万円となります。

課税遺産総額の計算

次に、相続財産の総額から基礎控除額を引きます。

9623・7万円－4800万円＝4823・7万円

この4823・7万円に対して、相続税がかかることになります。

四ツ葉家の相続の基礎控除額

基礎控除	家庭分	3000万円
	法定相続人の数	3人
	相続人分（相続人×600万円）	1800万円
基礎控除額合計		**4800万円**

法定相続人が3人の場合、4800万円を相続税課税対象財産から引くことができる。

【解説】

四ツ葉家の相続税

課税対象	全体（相続税課税対象から基礎控除額を引く）		4823.7万円
	個人	全体を相続人の人数（3人）で割る	1607.9万円
		税率（※1）	15%
		速算控除（※2）	50万円
相続税	**個人**		191.2万円
	全体（3人分の合計）		573.6万円

父・福蔵が遺した相続財産9623.7万円に対して、最終的に573.6万円の相続税がかかる。

相続税の速算表

法定相続分に応ずる取得金額（基礎控除額の控除後）	税率（※1）	控除額（※2）
1000万円以下	10%	—
3000万円以下	15%	50万円
5000万円以下	20%	200万円
1億円以下	30%	700万円
2億円以下	40%	1700万円
3億円以下	45%	2700万円
6億円以下	50%	4200万円
6億円超	55%	7200万円

（平成27年1月1日以降）

【解説】

法定相続分に応ずる取得金額の計算

では、相続人が払う相続税はどれくらいになるのでしょうか。ここでは法定相続分（47ページ参照）に基づいて、課税遺産総額を各相続人で分けたものとして計算します。

まずは、1人当たりの課税価格を計算します。子ども3人の場合、法定相続分は均等に3分の1ずつです。

4823・7万円÷3人＝1607・9万円

これに対して、相続税がかけられます。

最終的な相続税の金額

相続税は累進課税で、54ページの速算表に基づいて計算します。

法定相続分に応ずる取得金額1607・9万円に対する相続税は、

（1607・9万円×15％）－50万円＝191・2万円

最後に、3人の相続人の相続税を合計すると、

191・2万円×3人＝573・6万円

これが納める相続税の総額ということになります。

◎土地の価格には「相続税評価」と「時価」がある

現金と異なり、土地の価格はタイミングによって変動します。

相続税を納める際には「相続税評価額」によって計算します。

一方、「時価」は実際に土地を売るときの価格です。

相続税評価額

【定義】相続税を計算するために国税庁が定めた評価額。

【基準】路線価や倍率方式を基に算出される。路線価は、道路に面する標準的な宅地の1平方メートル（㎡）当たりの価格。

【特徴】一般的に時価の80％程度。

時価

【定義】市場で実際に取引される価格。

【基準】不特定多数の当事者間で自由な取引が行われる場合に成立する価格。

【特徴】市場の需要と供給により変動し、相続税評価額より高くなることも低くなることもある。

違いのポイント

・評価方法……相続税評価額は国税庁の基準に基づき、時価は市場の取引価格に基づきます。

・変動性……時価は市場の状況により変動しやすいのに対し、相続税評価額は一定の基準に基づくため比較的安定しています。

【解説】

四ツ葉家の場合、路線価は93万円とあります。路線価とは道路に相続税評価額が1本1本付いたもので、国税庁のホームページに表示されています。これに面積99・18㎡をかけると9223・7万円になります。場合によっては評価を安くする方法がありますが、ここでは単純に9223・7万円としています。

時価はこれ以上になることがほとんどです。相続税評価が時価の8割ということなので、単純に9223・7万円÷0・8で計算しますと、1億1529・6万円となります。

◎家業の手伝いや介護をした分、多く相続できる？

「法律上は3等分だとしても、少しは遠慮してほしい」というみどりさんの気持ちはよくわかります。お店や会社を経営している場合、いろいろな作業や段取りなど、見えないところで貢献している人が多いからです。みどりさんの貢献なくしては、和菓子屋四つ葉の維持はできなかったでしょう。

このような貢献をした人には、「寄与分」というものが認められることがあります。

寄与分は、相続人が被相続人（亡くなった人）の財産の維持や増加に特別な貢献をした場合、その貢献度に応じて相続分を増やす制度です。民法第９０４条の2に規定されています。

寄与分が認められる要件

寄与分が認められるためには、以下の要件を満たす必要があります。

1　**特別の寄与**……通常期待される範囲を超える貢献があったこと。

2　**財産の維持または増加**……被相続人の財産が減らなかった、または増えたこと。

3　因果関係……寄与行為と財産の維持・増加に直接的な関係があること。

親の介護をしていた場合の寄与分

日本人の平均寿命は、男性が81・09歳、女性が87・14歳（2023年、厚生労働省調べ）。長生きは喜ばしいことですが、親の介護をする人も増えています。長年介護をしてきた人が、相続の際はその貢献を認めてほしいと考えるのは理解できます。

しかし残念ながら、親と同居していたり面倒を見ていた程度では、寄与分を認められないケースが多いのです。寄与分が認められるためには、通常の親族間の扶養義務を超える特別な貢献が必要です。例えば、長期間にわたる無償の介護や、被相続人の事業を無償で手伝った場合などが該当します。

以上を考えると、みどりさんの場合、事業の維持にはなるけれども、売上の増加に貢献しているかで考えると、寄与分を認めてもらえるかどうかはギリギリのところですね。

寄与分がいくらかを計算するには、専門家の知恵も必要です。その上で、初郎さん

【解説】

と優二さんが認めてくれれば、ということになります。

◎相続のタイムリミットは10カ月

福蔵さんが8月1日に亡くなった後、2週間後にはもう遺産分割の話が出てきました。福蔵さんの相続財産は、土地、建物、預貯金だけだったので、鈴木税理士も把握しやすかったのでしょう。実際には財産を把握するのにもう少し時間がかかるケースもあります。

実は、相続は時間との闘いでもあります。相続税と申告書提出期限は10カ月です。

一般的な相続のスケジュールとしては、最初の2カ月は、葬儀、初七日、その後の手続きであっという間に過ぎていきます。次の4カ月は、税理士等が財産の確定をする期間です。複雑でない場合はもう少し早まることがあります。そして6カ月目以降で、遺産分割協議を行います。これは1回で終わることはなく、何回も行うことになります。

相続人全員で合意できれば、遺産分割協議書を作成、相続税の申告をし、納付しま

相続の手順とその期限

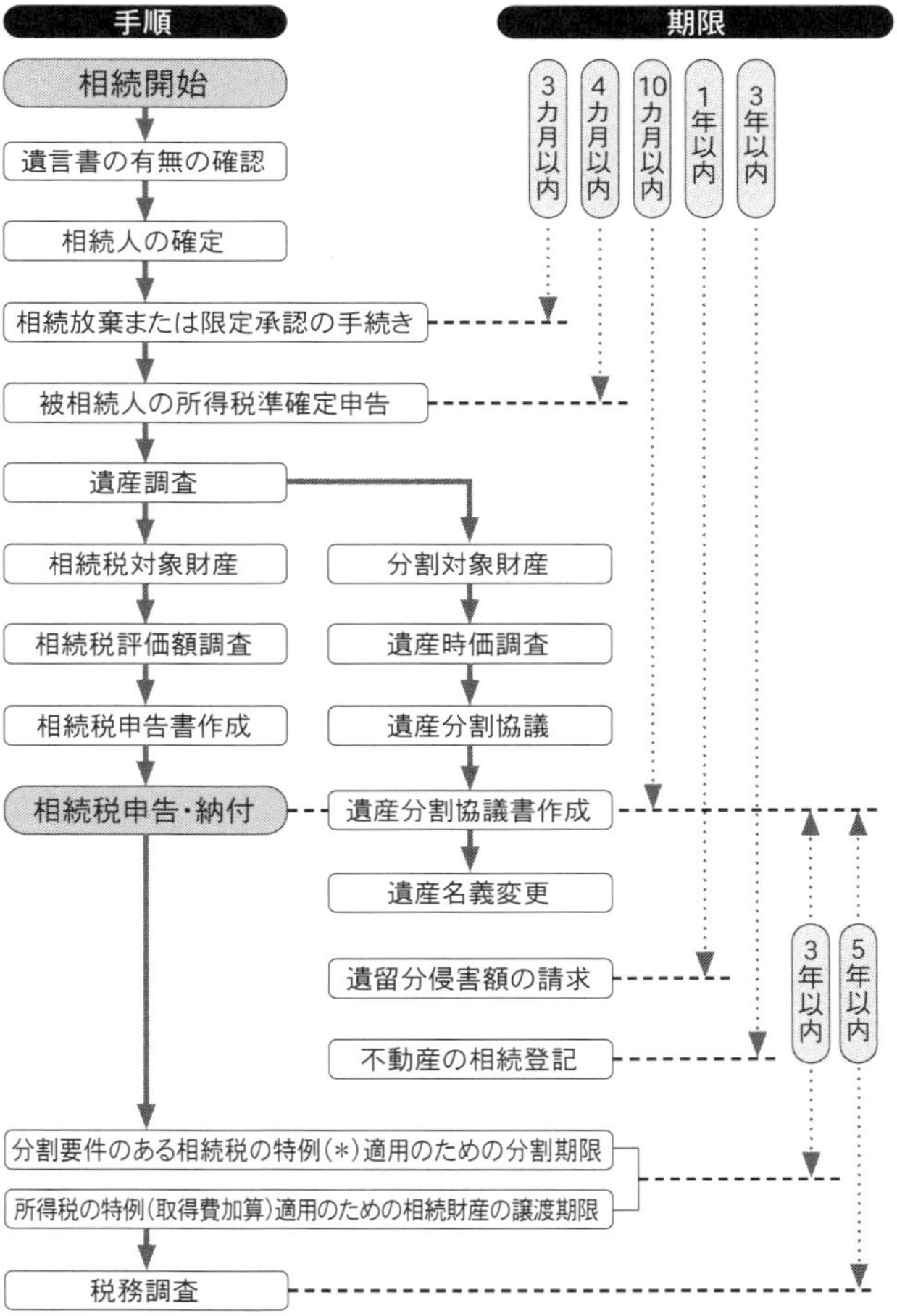

＊配偶者の税額軽減(相続税法第19条の2)及び小規模宅地等の特例(租税特別措置法第69条の4)

す。その後、名義変更手続きを行います。
このように、相続が発生すると、大切な人を失った悲しみに暮れる暇もないほど、慌ただしく日々が過ぎていくことが多いのです。

【解説】

2章　分裂——初郎

溺れる日々

8/26

——1億、1億かぁ……。

みどりからの電話で土地の価格が1億円くらいらしいと聞いた時、初郎は心の深い部分からじわじわと喜びが湧いてくるのを感じていた。

実家とは縁の薄い人生だった。おふくろが死んだ時も、おやじが死んだ時も、どこかあっさりとした自分がいて、我ながら自分のことを薄情な息子だと思った。和菓子屋四つ葉のこともみどりと優二でやるのかな、おれには関係ない、と思っていた。

相続でお金が入ってくるなんて1ミリも期待していなかった。降って湧いたような1億円。法律上はおれにも3分の1を相続する権利がある。

「おい、3000万円ほど入るらしいぞ」

妻の桜子にそういうと桜子は目を丸くしていた。

それにしても、悪いことがあればいいこともあるものだ。今年に入ってからというもの、なぜこんな目に遭うのかと嘆きたくなるほどの不幸続きだった。

部下が休職をしたことをきっかけに、仕事量が2倍に増えた。過労死ラインといわれる残業時間の80時間を超え、上司に相談したが取り合ってもらえなかった。そこで、人事部の同期に軽い気持ちで愚痴ったことが大きな問題に発展、上司には嫌われ、上司のミスを自分のせいにされた。上でどんな話があったのかはわからないが、4月の辞令で神奈川にある子会社の工場に転籍となったのだ。単身赴任するつもりだったが、この春大学受験に失敗し、浪人が決まっていた次男の幸次郎が関東の予備校に通いたいといい、妻の桜子もついてくることになった。社宅は手狭だったので、自分たちで、賃貸マンションを借りた。

大学卒業後、30年近く関西の本社勤めだった自分にとって、関東の工場はまるで文化が違う異国だった。どんなうわさが流れたのかはわからないが、初日から明らかに歓迎されないムードだった。特に工場長は、おれのやることなすことすべてが気に入らないようで、毎日、ねちねちと説教してくる。

1億円と聞いてとっさに「ああ、これで会社を辞められる」とほっとした。

ここ最近、何度も何度も転職を考えた。ただ、52歳の自分にまともな転職先があるとは思えない。なにかしらの仕事はあるだろうが、今より不満足な仕事内容でしかも給料が下がると思うと、どうしても一歩踏み出せない。大阪の家にはまだローンの残債が１０００万円ほどある。長男は独立したが、次男は浪人中でこれから学費がかかる。転職したところで、次の職場が今より快適かどうかはわからないし、確実に給料は下がるだろう。そんなリスクを負ってまで転職する勇気はなかった。

しかし、３０００万円が入るのだとしたら話は別だ。ローンは完済、幸次郎の学費も余裕で払える。あとは家族３人分の食い扶持だけを稼げばいい。住む家はあるのだから、給料が下がっても大丈夫だ。これはもしかしたらおやじからのプレゼントなのか？　おやじがあの世で会社を辞めることに賛成してくれているのではないか？　そうまで思えてきた。

それなのに、優二が店を守ると言い出した。優二に経営手腕があるのならおれだって反対はしない。でも優二は――。

優二が学校に行き渋るようになったのは、小学校に入ってすぐのことらしい。おれは中学から全寮制の学校に入学したので、そのあたりのことはよく知らない。優二には軽い吃音があり、そのことでクラスメートにいじめられたらしい。そこからの不登校で、みどりの話では、小学校も中学校もほとんど学校に行っていないらしい。昔は今のようなフリースクールもなく、両親も店の経営が忙しく、結局優二は家にいて、ほかにやることもないから和菓子作りを手伝っていた。10歳から手伝ったとして、この道35年の大ベテランだ。

ただ、和菓子が作れることと、店の経営ができることはまったく別物だ。誰かと一緒にやるなら話は別だが、みどりにもその気はないらしい。今は、意地になって店をやると言い張っているが、優二だって冷静になればわかるだろう。土地を売却し、3人で分ける。結局はそうなる。それ以外の選択肢はない。

さあて「退職願」の書き方でも調べるか。

「は？　ウソでしょ？」

会社を辞めてきた。そう話すと妻の桜子の表情がこわばった。驚くのも無理はない。おれだって驚いている。ネットで「退職願」の書き方を調べ、便せんに書いているうちに愉快な気持ちになっていった。実際に退職するかどうかはもう少し冷静に考えるとして、「退職願」をかばんに入れて持ち歩く。そうすることで心に余裕が生まれる気がした。その程度の軽い気持ちだったのだが……。

しかし、またあの無能なくせに上から目線で偉そうな工場長が、些細《ささい》なミスを指摘してきて、カッとなり、強い口調で言い返してしまった。

「四ツ葉さん、職場で大きな声を出して威嚇《いかく》するのはパワハラ行為ですよ。本社に報告しますね。それから、複数人の社員から、四ツ葉さんが朝からお酒臭いとの声が届いています。そちらもあわせて……」

その言葉を聞いて初郎は平常心を失った。酒臭いだと？　人が勤務時間外になにをしようと自由だろうが？　ああ、もううんざりだ。こいつの下で働くことには1秒たりとも我慢がならない。

初郎は「その必要はありません」と工場長の言葉を遮《さえぎ》った。そして、かばんの中から「退職願」を取り出し、工場長に突き付けた。工場長は一瞬戸惑った様子だったが、その後かすかに口角を上げた。くそ、笑いやがった。おれは負けたのか。くそっ、お前の勝ちなのか――初郎は相手を殴りたくなる気持ちを必死に抑えて、速足でそこを立ち退いた。その足で神奈川の賃貸マンションの近くにある居酒屋に行き、しこたま飲んだ。飲まずにはいられなかった。4時間ほどして家に帰る。

「おかえり」と迎えてくれた桜子に会社を辞めたと伝えた。

「え？　なんで？」「急に」「なにがあったん？」「これからのことはどうすんの？」桜子がまくし立てる。

ああ、うるさい、うるさい、少し黙っていてくれ。後でゆっくり説明するから。おれだって辞めたくて辞めたわけじゃない。大阪の本社にいれば、定年まで働くつもりだった。しょうがないんだ。運が悪かったんだ。こんな理不尽な扱いをされて耐えられなかったんだ。心配するな。落ち着いたら次の仕事を探す。大阪にだって帰れるんだ。退職金も出るし、相続で金も入る。なにも心配いらないのだから——ということを順序よく伝えられればいいのだが、酒が入っていてうまく言葉にできない。

もともと酒は好きだった。入社した頃はまだ「飲みニケーション」が盛んな時代で、毎晩、先輩が飲みに連れて行ってくれた。無口な自分でもお酒の席では言いたいことを言うことができた。酒を飲んでいるときには嫌なことを忘れられる。今年に入ってからは明らかに酒の量が増えている。休日には朝から飲んでいる。

桜子が先ほどよりも輪をかけて騒いでいる。うるさい、うるさい。もう決めたんだ。お前にはおれのつらさはわからない。いいんだよ、これで。黙ってろ。

桜子は初郎が持っていた飲みかけの缶ビールを取り上げ、中身をシンクに捨てた。

「お、お前。なにするんだ！」かっときて、桜子の腕をつかむ。桜子がおれを突き飛ばそうとした。勢いで桜子のほっぺたを張ってしまった。結婚してから初めてのことだ。桜子は驚いた顔をして両手で頬を抑え、そのまま寝室に入りドアをバタンと閉めた。

やれやれ、やっと静かになった。うるさいのは勘弁だ。会社だけで十分だ。毎日、毎日、あの嫌味な工場長にどうでもいい話を聞かされてきたんだ。もううんざりだ、静かにしてくれよ。

朝になり、初郎はソファーで目を覚ました。そうか、もうあの工場に行かなくていいんだな。そうかそうか……そう思うとうっすらと涙がにじんだ。アルコールで頭も体もどんより重いのだが、気持ちは羽が生えたように軽かった。リビングにも寝室にも人の気配はない。桜子も幸次郎もどこかに出かけているようだ。まあいい。そのうち帰ってくるだろう。そんなことより祝杯だ。あの工場に行かなくて済むことよりも幸せなことはない。

朝から酒を飲んだ。そしていつの間にか眠った。夕方に目覚めた時にも人の気配はなかった。おなかが空いたので近所の居酒屋へ行きまた飲んだ。正体をなくすまで飲み、記憶がないまま家のソファーで目を覚ます。そんな生活が数日続いたある日、目覚めたのは病院のベッドだった。

「なにも覚えてへんの?」

ベッドの横の丸椅子に桜子が座っていた。桜子の話によると、昨夜、居酒屋で帰ろうと席を立った時に、ひっくり返って頭から転倒。多量の出血に驚いたお店の人が救急車を呼んでくれたらしい。スマホの連絡先からまず幸次郎に連絡が行った。その時、桜子はひとりで大阪の家に帰っていたらしい。そして、朝一番の新幹線で病院に来てくれたとのことだ。

「息子にまで心配かけて、恥ずかしいと思わへん?」桜子は悲しい目をしてそう言った。

なにも言えなかった。その通りだからだ。

「幸次郎が言ってたよ。あそこまでお酒に溺れるには、それ相当の理由があるんやろうって。そんなことはわたしかて気がついてたよ。急に子会社、しかも関東の工場への異動やなんて、なにか相当のことがあったんでしょう? でも、聞いてもなにも言わないし」

桜子が涙声で続ける。

「わたしかてね、ほんまは生まれ育った大阪から出るのは嫌やったんよ。大阪の家を空き家にするのも嫌やったし。せやからあんたひとりで、単身赴任で行ってもらうことも考えた。でも、あんたの様子がおかしかったから、ひとりが心配やったから仕方なくついてきたんよ」

そうだったのか。自分のことで頭がいっぱいで、妻の気持ちにはまったく気づかなかった。

「せやけど、わたしが一緒におってもおらんかっても結局は同じやったね。ひと言の相談もなく会社を辞めるなんて。それはないわ。今までの結婚生活はなんやったん？」

なにか言わなければ、と思うのだが、なんと言えばいいのかがわからない。初郎はなにも言えず、沈黙が続いた。桜子はそっと涙をぬぐって立ち上がり病室から出て行った。

頭の傷は大したことがなく、午後には退院が決まった。ただ意識を失うほどの泥酔状態で病院に運ばれたことから、退院する前に精神科を受診するように指示された。

精神科の医師はよく話を聞いてくれた。深酒をするようになったきっかけから始まり、会社のこと、異動のこと、退職のことを話した。普段は無口な初郎だが、誰かに聞いてほしい気持ちがあふれそうだったのだろう。気がつけば30分くらい話し続けた。

「四ツ葉さんは自分の状況を冷静に理解されているようです」医師がやっと口を開いた。

「このままお酒を飲み続けると、どうなるかはおわかりですね？」

想像はできる。このままだと再就職もできず、妻とは離婚、家族とのつながりも社会とのつながりもなくしてしまうだろう。

「今回のケガは、四ツ葉さんにとっては新しい人生に踏み出す、いいきっかけになりましたね」

にっこり笑う医師の言葉に、初郎は驚いた。

「いえいえ、そんな。情けないのひと言です」

「四ツ葉さん、これをいいきっかけにしましょう。情けない出来事で終わらせるのか、新しい人生に踏み出す転機にするのか、四ツ葉さんは今、その岐路に立たれているんですよ」

医師の言葉が初郎の心に素直に入ってきた。

「今なら間に合います。きっぱりお酒をやめましょう。四ツ葉さんならできます」

医師の目は、真っすぐに初郎の目を射抜いた。言葉以上のなにか熱いものが初郎の胸の奥に届いた。


お酒がまずくなる薬というものを処方されたので、待合室で処方箋を待っていると、初郎の右隣に作業着を着た40歳前後の男性が座った。たしか、初郎の次に診察室に入った男性だ。しばらくするとその男性のほうから、鼻をすするような音が聞こえてきた。思わず目を向けると、男性はタオルハンカチで口を押さえ、必死で声を押し殺しているようだった。初郎は驚き、しばらく目を離せずにいると、男性が顔を上げた。

「大丈夫ですか?」うっかり目が合ってしまった気まずさから初郎は声をかけた。

「すみません。いい年して、情けないです」

「いえ」情けないのは自分も同じだ。初郎はなんとなく親しみを覚えた。

「やめていたんですけどね。でも、飲んでしまって」

「お酒、ですか? 実はわたしも同じです」普段なら知らない人とは言葉を交わさない初郎だが、医師に自分の話をした後だったせいか、男性に似たものを感じたからだろうか、そう相槌《あいづち》を打った。

「2年前に、妻と息子を事故で亡くしましてね」

男性の話によると、奥さんと息子さんが交差点で信号待ちをしているところに車が突っ込んだらしい。息子さんは当時まだ6歳。想像するだけでも胸が押しつぶされそうになる。似たものを感じるなどと一瞬でも思ってしまったことを、初郎は反省した。ちょうどその時、初郎の名前が呼ばれた。初郎は男性になんと言葉をかけていいのかわからず、ただ「すみません」と頭を下げて逃げるように立ち上がった。

病院からの帰り道、ふと先ほどの男性の言葉を思い出す。桜子と2人の息子、賢一《けんいち》郎《ろう》と幸次郎。もし、彼らがこの世からいなくなったら？　その時は、本当に生きていく気力をなくすだろう。

だけど、今は3人とも元気で生きているじゃないか。仕事は失ったがおれには家族がいる。今ならまだ間に合う。ちゃんと謝って、一からやり直そう。初郎は、スマホを取り出し桜子に電話をかけた。電話はむなしくコールを続けるだけだった。

家に帰ると、次男の幸次郎がリビングに掃除機をかけていた。てっきり幸次郎は桜子とともに大阪の家に帰ったのかと思っていた。そうか、お前はこの家に残ってくれたのか。

――あそこまでお酒に溺れるには、それ相当の理由があるんやろう。

桜子がベッド脇で言っていた幸次郎の言葉を思い出した。酒に溺れて会社を辞めた最低な父親に対してなんとも優しい。学業優秀だった長男の賢一郎に比べ、幸次郎の出来は悪かった。よくわからないサイコドラマとかいう心理系の演劇にハマり留年。高校では、1年遅れでなんとか卒業はできたのだが、大学受験は全敗。大阪にいると仲間の誘惑に勝てないという理由で、一緒に関東についてきてくれた。

幸次郎は、おれの顔を見て「おかえり」と言った。怒ったり、あきれたり、バカにすることなく、ただ「おかえり」とひと言だけ。そのひと言が心に染み入った。関東に残ってくれたこと、「おかえり」と言ってくれたこと、たったこれだけのことが初郎の決心を後押しした。

まずは、買い置きしていたアルコール類を全部テーブルの上に集めた。その中にはもらい物の年代物のウイスキーもあった。捨てるには忍びなくて段ボールに入れてガムテープで厳重に封をした。いや、ダメだ。捨てるのがもったいないなんて言っている場合ではない。その程度の決意ではやり直せない。ガムテープをびりりと破って、缶ビールや缶酎ハイ、ウイスキーを取り出し、フタを開けてシンクに流していく。キッチンにアルコールのにおいが充満した。そのにおいに誘われ、うっかりフタを開けたビールに口をつけそうになる。ダメだダメだ。慌てて病院で処方された酒がまずくなる薬を飲む。窓を全開にして作業を続け、ついに家中のアルコールを捨てることに成功した。

次に、医師に紹介された「オンライン断酒会」のサイトを開き、ミーティングに申し込んだ。それから、精神科の医師からのアドバイスを思い出してノートに書き出す。毎日の生活リズムを整えること。毎朝7時に目覚まし時計をセットし起床、朝散歩に行く。洗濯に掃除。朝ご飯を作って幸次郎を予備校に送り出す。1人暮らしが長かったから、最低限の料理の覚えがあったのは幸いだ。午後からは公共のプールやジムに行き、汗を流した。図書館でアルコール依存についての本も読んだ。その後は買い物に行き、夜ご飯を作り、幸次郎と一緒に食事をとる。

外食はしない。お酒を飲んでいる人が目に入るからだ。スーパーやコンビニではアルコール売り場に行かない。テレビは観ない。ビールのＣＭが流れる可能性があるからだ。とにかく、徹底的にアルコールに関する情報を断った。深酒をしていた期間が短かったことも幸いして、初郎はお酒をやめることに成功した。

そうこうしている間に、初回の遺産分割協議から１カ月が経っていた。

――あれから酒は１滴も飲んでいない。

桜子に報告しようと何度か電話をかけているが、いまだに電話には出てくれない。

優二の和菓子

9/15

会社と話し合い、９月の末日付で正式に退職することが決まった。自己都合の退職ということで減額にはなったものの、１７００万円の退職金がもらえることがわかった。ひとまずは安心だ。これで大阪の自宅のローンを完済し、幸次郎の学費も払えるだろう。幸次郎が来春の受験まで今の関東の予備校に通いたいというので、しばらく２人でこのマンションに住むことにした。社宅ではなく、賃貸を選んだのは正解だった。なにしろ相続のことが片付いていないし、幸次郎を１人にしたくない。でも一番の理由は、桜子に合わせる顔がなかったからかもしれない。

桜子には何度も電話をかけたり、メッセージを送ったりしているが、いまだに返信はない。既読はついているので、読んではいるらしい。大阪にいる桜子に謝りに行くべきだということはわかっている。わかっているのだが足が向かない。どうせ春には大阪に帰るのだ。それまでの間、少し距離を置くのも悪くないだろうと初郎は自分に都合よく考えていた。

そろそろ相続のこともはっきりさせなければ。まずは優二と話をしてみようと初郎は実家を訪れた。

和菓子屋四つ葉の店舗はシャッターが下ろされたままだ。裏の自宅部分の玄関に回り、呼び鈴を押す。優二が無言でドアを開けてくれた。優二はなぜか調理用の白衣を着ていた。しかも、パリッとのりの利いた白衣だ。自分でアイロンをかけているのだろうか？　身の回りの世話は、全部みどりがやっていたと聞いている。今は食事や洗濯はどうしているのだろうか？

優二は初郎とは目も合わせずに作業場に戻る。作業場までの廊下は、歩くたびにぎしぎしと音が鳴る。作業場をのぞくと、優二は団子のようなものを丸めていた。どうやら菓子を作っているらしい。店は閉めているのになぜだ？

「おい、なんで菓子を作っている？　誰かに頼まれたのか？」

優二の返事はない。

「材料はどうしているんだ？　おい、なんとか言え」

優二が話せないことを忘れて矢継ぎ早に質問を重ねてしまう。返事がないことにイラつき、詰問口調で問い詰めてしまった。初郎はいったん落ち着こうとしばらく黙って優二の作業を見守ることにした。

すると、優二が番重《ばんじゅう》と呼ばれる完成した和菓子を入れる重箱のような入れ物から大福を一つ取り出し、皿にのせて初郎に差し出した。これはたしか、四つ葉の名物「四つ葉大福」。うぐいす豆で作ったみどり色のうぐいすあんを、もち米に砂糖を混ぜて練り上げた求肥《ぎゅうひ》というやわらかい生地でくるみ、みどり色のうぐいすきなこで四つ葉のマークをあしらってある。大福といえば黒いあんこに白い求肥しかなかった時代に、みどり色のあんやきなこをあしらった大福は珍しく、一度女性誌にも取り上げられたことがあると母が自慢げに話をしていたことをよく覚えている。

「四つ葉大福」をつかんでひと口かじった。懐かしい。特徴のあるうぐいす豆の独特の風味が初郎の記憶を呼び覚ます。あれはまだ初郎が10歳にもならない頃、この作業場で父が試作品をいくつか作っていた。

「おい、初郎、どれがおいしい？　食べてみろ」

おやじにそう言われたとき、自分がおやじから一人前だと認められたような気がして、背筋がしゃんとした。いつもはたいして味わわず、ひと口でパクッと食べるだけだったが、その時はひと口ひと口味わって食べた。

あの時、俺はどのあんこの味を選んだのだろう？　子どもが少し青臭いうぐいすあんを選ぶとは思えない。でも、あえて背伸びをして個性的なこの味を選んだような記憶もある。あの時、あの瞬間、おやじとおれは、たしかにここにいた。

母の手帳

優二が身振り手振りで初郎を店の奥の和室に誘った。ところどころ畳が擦り切れている古い和室。その部屋の隅にこれまた古い段ボール箱があり、中には20冊ほどの手帳が入っていた。促されるまま手に取ると、懐かしいおふくろの文字が並んでいる。左

のページは予定表、右のページには数字やメモ、ところどころに短い文章が書かれている。日記というよりは家計簿兼雑記帳といったところか。
優二はまた作業場に戻ったので、初郎はその中の1冊を取り上げて中を開いてみた。

19××年2月
神様、お願いです。初郎を合格させてください。神様どうかお願いします。

——ああ、あの時の。
初郎の記憶が一気によみがえる。私立中学受験、たしか5、6校受けたのだが全部不合格だった。ショックを受けたが、翌日に全寮制の秀陽学院から繰り上げ合格の連絡がきた。お試しで受けただけの学校だったが、結局はその学校に進学することになったんだったな。

19××年4月
初郎は今頃どうしているのだろう。眠れているのか、ご飯は食べているのか、元気なのか、友達はできたのか。初郎のことが心配で頭から離れない。神様、どうかどうか初郎をお守りください。

――これは寮に入ったばかりの4月。同じような内容が数ページにわたって綴られていた。そんなに心配してくれていたのか。おふくろはもっとクールな人だと思っていた。

おふくろとの思い出はあまりない。なにしろ忙しい人だった。和菓子屋と3人の子育て。家事だって手を抜かず、いつも家は片付いていたし、料理も作ってくれていた。おふくろがゆっくり座っているところは見た記憶がないと言ってもいいくらいだ。

別の手帳を手に取った。今度は19××年のものだった。

19××年9月
初郎が関西の大学に行くと言ってきた。少しは家計のことも考えてほしい。

「大学は家から通ってほしい」とおふくろに言われたことは覚えている。冗談じゃない、店舗の2階部分のあの狭い家に帰るなんてあり得なかった。帰らなくていいように、あえて関西の大学を選んだ。家計のことはまったく考えていなかった。全寮制の私立中高の学費と寮費、私立大学の学費と仕送り、たしかにかなりの金額になる。あの頃は、そんなことは考えもしなかった。

19××年5月
初郎が経営学を専攻するそう。お父さんが、店の経営にも役立つと喜んでいた。

——ん？　店の経営？

19××年1月
初郎は大阪で就職するらしい。一度社会に出るのも悪くない。お父さんも同じ意見。

——一度ってどういう意味だ？

そして、比較的新しく見える手帳は、おふくろが亡くなる半年前のもの。おふくろは自分が長くないとわかっていたのだろう。乱れた字でたくさんの言葉が並んでいる。

20××年4月
初郎もみどりも立派な社会人になってくれた。心配なのは優二だけ。お父さんが亡くなった後、優二はどうなるのだろう？　みどりは助けてくれるだろう。あの子は優しい子だ。初郎だって優しい子だ。きっと助けてくれるはず。
初郎は、きょうだいの中で一番和菓子が好きだった。「ぼく、和菓子屋さんになる」とよく言っていた。３人で助け合って生きていってほしい。

和菓子屋になりたい。そんなことを思った記憶はない。おふくろの幻想なのか？ふと時計を見ると2時間ほどの時間が経っていた。母の手帳に集中していて、そんなに時間が経っていたとは気づかなかった。それにしても、母のいくつかの言葉は、初郎にとっては予想外のものだった。
店の経営に役立つ、ということは、おれに店の経営に関わってほしいということだ。

そして、一度社会に出るのも悪くない、ということは、いつかは帰ってくることを期待した言葉だ。そんなことは一度も言われたことがない。そして、おれが「和菓子屋になりたい」と言ったって？　そんなはずはない。だいたい医者になりたかったから、中学受験をしたはずだ。どこでどう食い違ったのか？　初郎は記憶を手繰りよせる。

勉強していると、おやじはとてもほめてくれた。テストの成績がよかった時もだ。おふくろに聞いた話によると、おやじは大学に行きたかったのだが、おやじのおやじ、つまり祖父が病気になり、急遽《きゅうきょ》四つ葉を継ぐことになり、大学進学がかなわなかったらしい。だからなのか、勉強にはやたら熱心だった。「医者になりたい」と言った時もおやじはうれしそうだった。「そうか、いいぞ。しっかり勉強しろ」と頭をなでてくれたのだ。

その後は？　中学に入った後は？　両親と将来のことを話したことがあったか？いや、記憶にない。なのに、両親はおれに期待を？　だとしたら迷惑だ。勝手に期待しないでくれ。申し訳ないが、和菓子屋の経営にはまったく興味がない。たとえ両親から泣いて頼まれたとしてもおれは断っただろう。

初郎は、優二が入れてくれたすっかり冷めてしまったお茶を飲み干し立ち上がった。

記憶の中の父 9/15

空になった茶碗を持って作業場に行くと、優二が「四つ葉大福」を透明のシートでくるみ、個包装用のパックに入れ、番重に詰めていた。その数、ざっと30個ほど。

「これ、誰かに頼まれたのか?」初郎が聞くと、優二は首を横に振った。

「じゃあ、なんで作ったの?」初郎の問いかけに、優二はスマホを手に取り文字を入力した。

〈作りたくなったから〉

「材料はどうしたんだ?」

〈たくさんある〉

「これ、どうするつもりだ」

〈わからない〉

「わからないって、お前」

初郎はかみ合わない会話にいら立った。なんだ、こいつは。作りたいから作った、作った後のことは考えていない。まるで子どもじゃないか。……そうか、優二の年齢は45歳だが、中身は子どものままなのかもしれない。なにしろこれまで社会と関わったことがないのだから。

四つ葉をやりたいなら別の場所で勝手にやればいいと思っていたけれど、優二には無理だ。店の経営どころか、たとえ金があってもこいつはひとりでは生きていけないかもしれない。なにかしらの手助けが必要だろう。さすがに、実の弟のことを、知らない、関係ないと突き放すわけにもいかない。

差し当たっては、目の前にある30個ほどの「四つ葉大福」をどうするかだ。羊羹《ようかん》や饅頭なら日持ちがするが、大福の消費期限は1日限り。これだけの量はとても食べきれそうにない。かといって捨てるのはあまりにももったいない。

「せっかく作ったんだから、売るか」と初郎はそう言うと、店に出て、シャッターを全開にする。たしか商店街のお祭りの時などに使っていた販売用のワゴン台があったはずだ。それを奥から出してきて、「四つ葉大福」を並べた。「限定30個」「特別価格100円」と紙に大きく書いてワゴン台に貼る。値段は深く考えずに書いた。

手足がすいすい動く。初郎は、会社員時代に家電製品の販促イベントを担当していたことがある。こうやって手足を動かすことで、初郎は久しぶりに働くことの気持ちよさを思い出していた。

店のシャッターが開いていることに気づいた近所の人、商店街の人が次々に声をかけてくれた。福蔵の死を悼み、四つ葉の和菓子との思い出を語り、そして、これからの四つ葉の行く末を聞いてきた。四つ葉が地元の人たちに愛されていたことを実感できた。

お客さんと立ち話をしながら、お金をもらって商品を渡す。ただそれだけのことが、なんだかとても楽しい。そしてどこかで懐かしくもあった。

「あら、もしかして初郎ちゃん?」

「あっ、はい、そうです」

「懐かしい。何十年ぶりかしら」

年の頃70代か80代の女性だ。

「初郎ちゃん、覚えてる? あなた小学生の時に、よくこうやって店の売り子のお手伝いをしてたわよね」

「いや、覚えてないです。手伝ってましたかね？」

自分の記憶の中では、塾通いの毎日で店の手伝いをする時間はなかったはずなのだが。優二と間違えているのだろうか？

「小学校の2、3年生くらいかしら？　わたしがね、おうちのお手伝いをして偉いわねって、褒めたらね、ぼくは四つ葉の三代目ですから当然です！　って言ったのよ。それが面白くてね。そのセリフが聞きたくて、わざと何回も何回もほめたのよ」

四つ葉の三代目？　そんなことを言った記憶はまったくない。おれが和菓子屋になりたいと言っていたのは本当だったのか。

「そして、本当に三代目として戻ってきたのね」

「いやあ、違うんです。優二が残っていた材料を使って作ったみたいで、せっかくだから売らせてもらおうかと」

「そう。優二くんも立派になられたものね。紬さんが亡くなった後、四つ葉の菓子は、優二くんが全部作っていたんですもんね」

「え？　そうなんですか？」

「福蔵さんはね、優二くんが自分の腕で生きていけるように、あえて菓子職人の座を優二くんに譲ったと聞いたわよ。あとはねぇ、しっかり者のお嫁さんが来てくれるとよかったんだけど」

四つ葉の菓子を作っているのはおやじで、優二はそれを手伝っているだけなのかと思っていたがそうじゃなかったのか。全部優二が作っていたのか。

「でもまあ、みどりちゃんもいるしね。みどりちゃんにも手伝ってもらって、初郎ちゃんが三代目になったら万々歳。福蔵さんも紬さんも喜ぶでしょう。最高の親孝行よね」

その後も四つ葉と長いお付き合いのあるお客さんが続き、同じような話になった。この店を残してほしいというのは、どうやらおやじとおふくろの明確な希望だったようだ。


何度も思い出す場面がある。作業場でおやじが試作品を作っているあの場面だ。

「おい、初郎、どれがおいしい？　食べてみろ」とおやじに言われたあの時、たしかにおれはうれしかった。うれしいと同時に、責任を持って選ばないといけない、とも思った。なんの責任？　三代目としての責任か？　その気持ちはどこでなくなったのか。

小学4年生から近隣の塾に通い出した。最初は楽しく通っていたが、だんだん宿題の多さに辟易《へきえき》し、サボるようになった。成績のことで叱られたときに、勢いで「勉強なんていいんだ、どうせおれは和菓子屋になるんだから」と言い返したことがあった。あの時、おやじはすごく怒った。そして、「つらいことから逃げるようなやつに、四つ葉は絶対に継がせない」と言ったんだ。その時は、和菓子屋になりたかったわけでもないので特になんとも思わなかった。

ところが、寮生活が始まり、長期休みで家に帰ると、弟の優二が和菓子作りの手伝いをしているではないか。「つらいことから逃げるやつには継がせない」と言っていたのに、学校から逃げた優二には店を継がせるつもりなのか?

思春期でもあったおれは、矛盾したことを言うおやじのことを嫌うようになった。和菓子屋にだけはなりたくないと思うようになり、「甘いものは嫌いだ」と言って、店のものを口にしなくなった。あれは……優二への嫉妬、自分の居場所を奪われたことへの悲しみだったのかもしれない。

そうだ、せっかくの長期休みに帰省しても、おやじと優二はずっと2人で作業場にいたし、おふくろとみどりは女同士でくっついていた。優二が学校に行っていないことについても、おれには詳しいことは話してもらえなかった。心配をかけないようにとの配慮だったのだろうが、自分だけがそのことを知らないという疎外感を感じた。自分の家なのに自分の居場所がどこにもない。だんだん理由をつけて実家を遠ざけるようになり、あえて関西の大学を選び、関西で就職した。

おふくろの病気がわかった時も、長くないとわかった時も、自分は形だけの家族なんだからと、あまり関わらないように距離を置いた。それなのに……違うのかよ、本当はおれに四つ葉を継いでほしかったのか？　それならそうと言ってくれよ。ひと言、四つ葉を頼むって言ってくれていたら……。

いや、会社での仕事がうまくいっている時には、親のどんな言葉も耳に入らなかっただろう。酒に溺れて、無職になって、家族に当たり、情けない自分に向き合って、それを全部認められた今だからこそ、やっと親の気持ちを想像できるようになったのだ。

親を避けたのはおれのほうだ。孫の顔すら見せず、数年に一度しか帰省しなかった。話をする機会を作らなかったのはおれだ。もっと話しておけばよかった。もっともっと。

みどりの怒り

9/15

ワゴン台の前で、思い出に浸っていると、突然みどりの声がした。

「ちょっと！　なにしてんの！」

挨拶もなしに相当な権幕《けんまく》だ。勢いに押されて言葉に詰まった。近所に住んでいるみどりは、優二に頼まれた買い物を届けに来たようだ。父亡き後、優二は身の回りのことは自分でやっているが、買い物だけはみどりに頼んでいるらしい。

みどりは無言で販売用のワゴン台を店の奥に押し込み、大きな音を立ててシャッターを閉めた。

「どういうこと？　説明して」

「いや、優二と話そうと思って、そしたら優二が大福を作っていて、せっかく作ったんだし、じゃあ売ろうかと思って」

「四つ葉の名物をこんな値段で安売りするなんて。四つ葉の看板に泥を塗ったようなものよ。今さらなに？　お兄ちゃんは四つ葉に関係ないじゃない」

初郎はみどりの激しい怒りに戸惑った。和菓子屋で和菓子を売っただけのことじゃないか。いったいなにがそんなに気に食わないのか？

「ちょっと来て」みどりは有無を言わさない態度で店の奥の和室に入っていった。

「優二も来なさい」

「娘から聞いたんだけど、お兄ちゃん、会社を辞めたんだってね」

え？　どうして、みどりの娘の杏ちゃんがそれを知っているのか？　考える間もなくみどりが続ける。

「それで？　四つ葉を乗っ取るつもり？」

「いや、まさかそんな」

誤解だ。おれが四つ葉を乗っ取るなんて、そんなことは考えたこともない。

「ずっとこの家のことは関係ないって顔をしてきたくせに！　親が亡くなった途端にノコノコとやってきて！　ああ怖い、怖い。お金を前にするとおかしくなるって本当なのね」

「違うんだ」

初郎の声を無視して、みどりはどんどんヒートアップしていく。

「お母さんが倒れた時だって、関係ないって顔をしたわよね。病気がわかってから亡くなるまでの5年間で顔を出したのは何回？　わたしはね、自分の家のこともあるのに毎日ここに顔を出したわ。お父さんや優二のご飯の支度や洗濯もした。全部わたしがひとりで背負ったのよ」

みどりは涙を流して怒りをぶつけてきた。

「お父さんの時だって。葬式の準備や関係者への連絡やお店のことは、全部わたしが1人でやったのよ。お兄ちゃんはなにかしてくれた？　喪主なのに飲んだくれていただけじゃない」

まあ、それについては言い訳できない。

「無職になったからって四つ葉をくれって？　厚かましいにもほどがあるわ」

「そんなことは考えてないから」初郎も言い返す。

「まあいいわ。わたしはお金さえもらえればいいから」

みどりは投げ捨てるようにそういうと、ワゴン台に残っていた数個の「四つ葉大福」をちゃっかりかばんに入れて帰っていった。

残された初郎と優二の目が合う。

「怖かったな〜」と初郎がつぶやくように言うと、優二の口角がほんの少し上がった気がした。

新しい道へ 9/15

初郎が神奈川のマンションに帰ると、次男の幸次郎が台所でインスタントラーメンを作っていた。「お、うまそう」と言うと「食う?」と聞いてくれ、2人分のラーメンを作ってくれた。

　幸次郎との2人暮らしにも慣れてきた。最初の頃は、挨拶を交わす程度だったが、一緒に家事をし、ともに食卓を囲むうちに少しずつ会話が増えていった。

「勉強はどうだ?」

「まあまあ」

　いやいや、こういう当たり障りのない会話ではなく、もっとちゃんと話そう。今日、母の手帳を読んでそう後悔したばかりじゃないか。

「なんだか悪いな。こんなことになって」

「ほんま、いい迷惑」幸次郎は冗談っぽく言った。

「あのさ、お母さんはどうしてる?」

「元気やと思うで」生まれも育ちも関西の幸次郎は関西弁で返事をする。

「連絡は取っているのか?」

「まあ、たまに」

「そうか……。お母さんに何度か連絡しているんだけど、返事がなくてな」

「そりゃそうやろ」

「やっぱりそうか。怒っているんだろうな」

「怒ってるというか……。悲しんでるんちゃう? 知ってる? 怒りは二次感情っていうてな、怒りの前に深い悲しみがあるねんで」

「二次感情? なんだそれ?」

幸次郎の趣味は心理学だ。高校生の時に心理学の講座に夢中になり、そこで、心理劇とかいう演劇をやっていたのだ。

「ちょっとしたワークをやってみていい?」幸次郎は少し面白がるように言った。

「なんだ、ワークって?」

「お父さん、こっちの椅子に座ってみて」

幸次郎が4人掛けのダイニングセットの、いつも桜子が座っていた椅子を指さす。初郎は怪訝《けげん》に思ったが、桜子の椅子に移動した。

「お父さんはお母さんになったつもりになって。それで、あっちのお父さんの椅子にお父さんがいると想像して。今、あそこにいるお父さんになんて言いたい？」

「お母さんがおれに？　う〜ん、そうだな……。う〜ん」

急に桜子の気持ちになれといわれても……。うんうん、うなりながらも初郎はなんとか言葉を絞り出す。

「『勝手に会社を辞めるなんてひどい。なんで相談してくれへんかったん』、かなあ？」

「じゃあ今度は、お父さんの椅子に戻って。お父さんはそのお母さんに対してなんて言いたい？」

初郎は元の自分の椅子に座り直した。

「言ってもわからないだろうし。会社を辞めることは、相談したら反対されるに決まってるし」

「お母さんに向かって話しているつもりで」幸次郎の指示が入る。

「なんか恥ずかしいなあ。そうだなあ……。『いろんなことが嫌になって、どうでもよくなって。お酒で頭が働いてなくて。なにを言っても言い訳になるけど……ごめん』」

初郎は自然に自分の口から「ごめん」という言葉が出たことに自分で驚いた。

「ほかにお母さんに言いたいことは?」幸次郎が促す。

「『酒はやめた。あれから1滴も飲んでない』」

「それから?」

「う～ん。『許してほしい』、かなあ」

「じゃあ、またお母さんの椅子に座って」

初郎は桜子の椅子に座る。

「う～ん。う～ん。『いやや、まだ信用できない』、かなあ?」

「それだけ? ちょっと替わって」今度は、幸次郎が桜子の椅子に座った。初郎は自分の椅子に戻る。幸次郎は桜子の口調を真似して話し始めた。

「『お父さんの様子がおかしいことには気がついていたよ。会社で大変なことが起きてるんやろうと思ってた。せやからわたしは心配で関東についてきたのよ』」

そこにいるのは幸次郎だとわかっていながら、うっかり聞き入ってしまうほど幸次郎の演技はリアルだった。

「『相談してほしかった、お父さんの力になりたかった』」

なんだ、この引き込まれる妙な感じは。目をつぶると、本当に桜子がそこにいるような気にさえなる。

「心配をかけたくなかったんだ」

桜子に話すように言葉が出てきた。そんな自分に初郎は戸惑う。

「『言われないほうはさびしいのよ。自分は必要ないんじゃないかと思うのよ』」

突然思い出した。あれはいつかのお正月。学校に行かずに家にいる優二のことを両親に聞くと「大丈夫、あなたは心配しなくていいの」と言われた。それは、おふくろの優しさでもあったのだろうけど、自分はこの家の一員じゃないように感じて、さびしかったんだ。あの時のさびしい感情とともに言葉が自然に出てくる。

「悪かった。これからはなんでも話すよ」

「はい、ここまでね」幸次郎がパンと手を叩いた。不思議な時間だった。別の世界に迷い込んだような……これが心理劇というやつなのか。

幸次郎は少し恥ずかしいのか、初郎の目を見ずにそそくさと席を立った。初郎は先ほどのやりとりの余韻に浸り動けない。ここにはいない桜子との距離が近づいた気がした。

こんなマジックみたいなことができるなんて、まだまだ子どもだと思っていたが、幸次郎は人とは違った人生経験をしてきたんだな。よくわからない心理劇とやらに夢中になり、高校は留年、大学受験も失敗した出来の悪い息子。そんなふうに思っていた自分は表面的にしか息子のことを見ていなかった。おれよりもよほどしっかりしているではないか。

この日を境に、初郎は幸次郎と話すことが増えた。会社一筋だった自分が無職になり、息子と2人で暮らしながら、家事をこなし、日々話し込むことになるなんて。しかもこの生活、なかなか心地よい。

これまでの自分は、会社という狭い世界しか知らなかったことを痛感する。そして、これからの人生は今までとはまったく違う道に進むのも悪くないのかもしれない。初郎はそう思い始めた。

「で、この先どうするつもり？」幸次郎に聞かれて、しばらく考える。

「う～ん。自分でもよくわからないんだよなあ。とにかく、四つ葉の相続の件をはっきりさせないと」

「お父さんが四つ葉を継いだら？」

「いやあ、和菓子屋なあ。やりたいというわけではないな」

「じゃあ、再就職？」

「う～ん、それもなあ。気が進まないんだよな」

「なんや、50歳ってもっと大人やと思っていたけど、20歳と大して変わらんね」

「はは、ほんとだな、52になってこんなに迷うとは思わなかったよ」

「おれも今、なんのために大学に行くのかわからなくなってる」

「そうか。お父さんはそんなことを考えもしなかった。みんなが行くから行く。それだけだったよ」

少しでもいい大学に、少しでもいい会社に。会社に入ったら、少しでも成績を上げて出世をする。迷うことなんてなにもなかった。あのまま会社にいれば今もそうやって毎日を過ごしていただろう。

「優二おじさんはさ、高校も大学も行ってないよね。学校は行かないといけないものでもないし」幸次郎が優二の話を持ち出す。

優二は、高校、大学どころか小学校も中学校も行っていないと聞いている。優二は四つ葉という狭い世界しか知らない。でもそれは不幸なことだろうか？　菓子を作るのが好きなら、好きなことだけをやっていられて幸せなのではないか？　ただ、それは守られた場所だったからだ。優二がほかの店に行って、やっていけるのだろうか？うまくコミュニケーションを取れるのだろうか？　優二の腕は生かしてもらえるのだろうか？

「優二のことを考えたら、お父さんが店を継ぐのがいいんだろうなあ。ただ、会社員しかやったことのないお父さんに、和菓子屋の経営なんてできるかどうか」

「できるんちゃう？　定年後に蕎麦屋やカフェや小料理屋をやる人だっているし」

「そういう人たちは年金をもらいながらの老後の趣味みたいなものだろう？　大して稼げないよ。うちは家族の生活があるからな」

「そんなん、やり方次第でしょ？　世の中には稼いでいる和菓子屋かてたくさんあるよ。あれこれ考えてないで調べてみたら？」

そう言われればそうだ。そもそもおれは四つ葉の経営状態も知らない。おふくろの手帳やおやじの預金残高から、和菓子屋は儲からないと判断しただけだ。

なにかを選択するにはまずリサーチをしてデータを集める必要がある。会社員時代には当たり前にやっていたことなのに、会社を離れるとそんなことさえ思いつかないのかと初郎は自分にあきれた。

早速、初郎はパソコンを立ち上げ「和菓子屋　経営」というワードで検索してみた。山ほどの情報が出てくる。和菓子屋開業のノウハウ、経営について、商品や機械の話、会社員から和菓子屋になった人の転職体験記など。和菓子屋が提供しているさまざまな動画、和菓子屋を舞台にした映画やドラマ、本もたくさんあることを初郎は知った。

それから何日かかけて、和菓子関係のサイトや動画や本に目を通した。例えば、商品は羊羹だけ、店舗は1坪しかないのに、年商数億円の和菓子屋さん。会社員から和菓子屋に転職、独立してから大成功を収めたというある女性の話。和菓子屋といっても商品も値段もやり方もいろいろ。ということは、やり方次第でおれにもできるかもしれないということか。

和菓子屋の経営か……。これまで考えたこともなかったが、一度真剣に考えてみよう。どんなことでも10年やれば一人前になれると聞く。
52歳、まだまだこれからだ。それになんと言っても和菓子屋に定年はないのだから。

【解説】

◎相続は人生のターニングポイント

相談する人がいなくて、酒に溺れていく初郎さんは、妻桜子さんにも手を上げてしまいます。そのきっかけは、相続で3000万円もらえる可能性があると知ったことでした。

ドラマなどでは、よくドロドロの相続争いが描かれますが、そこまでいかなくても、相続を機に人生が変わっていく人も実際にはいます。

相続とは、人生のターニングポイントとも言えるのです。

◎相続でモメたらどうなる?

遺産分割協議が成立しない場合、家庭裁判所に調停や審判を申し立てることができ

【解説】

ます。調停は調停委員が仲介し、合意を目指します。審判は調停が不成立になった場合に、裁判官が最終的な判断を下すものとなります。

遺産分割調停

遺産分割調停は、家庭裁判所で行われる手続きで、調停委員が仲介して相続人同士の話し合いを進めます。調停委員は弁護士や専門家などが務め、第三者の視点から公平に話し合いをサポートします。

【期間】調停が成立するまでの平均期間は約1年弱です。ただし、ケースによっては6カ月以内で終わることもあれば、1年以上かかることもあります。

【回数】調停期日は1~2カ月に1回程度で、平均して約6回行われます。

遺産分割審判

調停で合意に至らない場合は、遺産分割審判に移行します。審判では裁判官が双方の主張や証拠をもとに遺産分割の方法を決定します。

【期間】審判が確定するまでの期間は、調停と合わせて1年以上かかることが多く、場合によっては3年以上かかることもあります。

【回数】審判の審理回数は平均して約10回、多い場合では21回以上行われることもあります。

◎遺言書がある場合の相続

遺言書を遺している人は、それほど多くありません。税理士法人レガシィの事例分析では、遺言書を遺していたケースは11%でした。ないのが普通と考えたほうがいいでしょう。四ツ葉家の場合にも、遺言書はありませんでしたが、ご参考までに遺言についても解説しておきましょう。

遺言書がある場合の流れ

1　遺言書の確認

まず、遺言書が存在するか確認します。遺言書には自筆証書遺言、公正証書遺言、秘密証書遺言の3種類があります。

【解説】

法務局での保管制度を利用していない自筆証書遺言や秘密証書遺言は、発見されないリスクがあります。公正証書遺言は公証役場に保管されているため、遺言書があるかどうかわからない場合は、公証役場に確認に行きます。

2　**遺言書の内容に従う**

遺言書が有効であれば、その内容に従って財産を分けます。遺言書は被相続人の意思を尊重するため、法定相続分よりも優先されます。

例外として、相続人が合意すれば、被相続人の意思を尊重しつつ遺産分割で分けるやり方もあります。

3　**遺留分の確認**

法定相続人には、最低限の財産を受け取る権利があります。これが遺留分《いりゅうぶん》（後述）です。遺言書の内容が、法定相続人の遺留分を侵害している場合、侵害された分の金銭を請求することができます。これを「遺留分侵害額請求」といいます。

4　**遺言執行者の役割**

遺言書に遺言執行者が指定されている場合、その人が遺言の内容を実行します。

【解説】

遺留分

遺留分は、法定相続人が最低限受け取ることが保証されている遺産の割合です。これは、被相続人の遺言によって全財産が他人に譲られ、相続人がなにも受け取れない状況になることを防ぐための制度です。相続人が複数いる場合、たとえ遺言に「この人に１００％財産を譲る」とあっても、相続人には最低限受け取る権利があるということですね。

遺留分が認められる相続人は、配偶者、子ども（代襲相続の場合は孫）、直系尊属（親や祖父母）となります。

遺留分は、配偶者や子どもがいる場合は法定相続分の２分の１、直系尊属（親や祖父母）のみの場合は法定相続分の３分の１を受け取る権利があります。

◎形見は語る

形見は、相続財産になるような金銭的な価値がないものでも、時には相続に大きな影響を与えます。

【解説】

相続のお手伝いをさせていただいていると、相続人の方が、故人の日記や手帳、写真、メモ書きなどに触れる場面に遭遇することがあります。

初郎は、母紬さんの手帳を見て、亡き人の想いを知りました。このように、時を超えて伝わる想いが、相続を動かすこともあるのです。

3章　四つ葉の秘密――初郎

みどりの本心

10/1

みどりと会うのは2週間ぶりだ。みどりが激怒して四つ葉を後にしたあの日以来。話をしたいと連絡をすると、みどりは家の近くにあるカフェを指定してきた。カフェでなら冷静に話せるだろう。あの時の激怒した様子を思い出して初郎は少しほっとした。

「勝手なことをしてすまなかった」

最初に、先日のことを謝った。そして、最近、和菓子屋の経営について勉強を始め、優二と四つ葉をやっていく可能性を探っていることを正直に話した。

「お兄ちゃん、本気で言ってる？　和菓子屋のことなんてなにも知らないでしょ？ずっと会社員だった人に和菓子屋の経営なんてできるわけがないでしょ？」みどりはあきれた様子だ。そう言われると返す言葉がない。

「土地を売ればまとまった現金が手に入るのよ。やったことのない商売を始めるより、そっちのほうがいいに決まってる」

そう言われればそうだ。

「まあ、お兄ちゃんの人生だから好きにすればいいけどね。四つ葉を残してくれたら、お父さんもあの世で喜ぶだろうし、優二のことだって安心」

みどりの表情が少しやわらいだ。

「でもね、その場合は、わたしの相続分に相当するお金を払ってよね。きょうだいの1人が土地を相続した場合、他のきょうだいにはその分のお金を支払う**代償分割**[注8]という方法があるらしいわよ」

それは初郎も調べた。しかし、今の初郎に数千万円のお金なんてない。

「今すぐ何千万円ものお金を用意できるの？　さすがにできないでしょ？　だからね、土地を売るしかないの。他に選択肢はないの。どうしてもやりたいなら、そのお金で他の場所で優二と四つ葉をやればいい。お兄ちゃんがそう言ったのよ」

初郎が黙り込んでいると、みどりが独り言のようにぽつりぽつりと話し始めた。

「娘の杏が生まれて子育てに必死で、やっと幼稚園に行ったかと思ったら、今度は夫が病気になって。あの時はほんとにつらかった。夫の死を覚悟したし、その後の生活のことを考えると……。治療にはお金もかかったしね。入退院を繰り返す夫の看病で

注8　代償分割：相続財産を金銭で分割する方法。例えば、1つの土地を皆で分けることができない場合、土地を取得した人が取得しない人にお金で解決するやり方（3章解説参照）。

働くこともできなかったしね。

なんとかやっと夫の病状が落ち着いたかと思ったら、今度はお母さんが倒れたでしょう？　毎日のように四つ葉に通って、お母さんがやっていた接客と経理をやって、お父さんと優二の身の回りの世話もね。優二には給料が出ていたけれど、わたしはただ働きよ。お父さんもお母さんも、娘が手伝うのは当たり前って態度だったし。お母さんが亡くなった後もずるずると四つ葉の手伝いを続けた。だって他にやる人もいないし。わたしがやらないとしょうがないじゃない」

誰かに聞いてほしかったのだろう、みどりが淡々と話し続ける。初郎は、みどりが四つ葉の手伝いをやっていることは知っていた。でもそれは、専業主婦で時間を持て余しているからだと勝手に思っていた。

「10年以上の時間を四つ葉に捧げてきたのよ。ほんとよくやったわ。１円ももらわずにね。だからね、相続でお金をもらえると知って、『ああ、これはこれまでのご褒美だなあ』と思ったの。お父さん、お母さんからわたしへのご褒美。それくらいのご褒美はもらってもいいと思うわ」

結局、初郎はなにも言い返せず、少し考えてみると言ってみどりと別れた。

最初に考えたのは、土地の3分の1だけを売れないかというものだ。建物は3分の2の大きさに縮小すればいい。多少、リフォーム費用はかかるが。我ながらいい考えだと思い、早速不動産屋に問い合わせた。

ただ、30坪の3分の1、つまり10坪だけというのは売却しづらく、売り物にはなりにくいと言われた。もし、購入する人が現れたとしても相場よりかなり安い金額になってしまうらしい。言われてみればそうだな、いくら狭小住宅といっても15坪くらいは必要だろう。

別の場所で四つ葉をやる？　いや、それは……。四つ葉を継ぐとしたらこの場所でないと意味がない。初郎はそう思った。

1個40円の饅頭

みどりと会った後、四つ葉に顔を出すと、優二がまた作業場で菓子を作っていた。おそらく優二は、他になにをすればいいのかわからないのだろう。

「少しいいか」

店の奥にある和室で初郎は優二と向かい合った。

ここで母の手帳を読んだこと、店先でお客さんと話したこと、そして、小学生の頃の気持ちを思い出したこと、和菓子屋の経営について調べ始めたこと、初郎は優二の反応を確かめながらゆっくりと話した。

「まだ決めてはいないけど、お前と2人で四つ葉をやっていけないか、と考え始めている。お前はどう思う?」

優二は、うんうんと力強く2回うなずいた。

「ただなあ、一緒にやるならおれとお前はビジネスパートナーだ。おれはお前の作った菓子を売る係でもなければ、お前はおれの従業員でもない。パートナーは、コミュニケーションを取る必要があるんだ」

初郎は続けた。

「おやじとおふくろはお前に無理をさせなかった。外に出そうとしてこなかった。そうやってお前は両親とこの店に守られてきた。でもおれはお前の親ではないし、お前を守るつもりもない。対等なパートナーとして商売に必要なことはできるようになってくれないと困る」

優二の顔が曇る。そして下を向いた。

「おやじが倒れたとき、救急車を呼んでくれたんだよな？　声は出るんだよな。声帯に問題があって声が出ないわけじゃないよな」

優二はうつむいたままだ。

「ゆっくりでいいんだ」

優二が顔を上げてかすかにうなずいた。

「さてと、また商品を売るか。せっかく作ったんだから食べてもらおう」

初郎は立ち上がり販売の準備を始めた。今日、優二が作っていたのはひと口で食べられる小ぶりな饅頭だ。この饅頭を5個並べてフードパックに詰めてある。饅頭を販売用のワゴン台に積み込み、シャッターを開けた。準備が整うと優二はさっと作業場に引っ込む。

「おい、優二。これはいくらで売っていたんだ？」

「に、に、に」優二はがんばって声を出そうとしている。

「200円か？　饅頭1個200円？」

優二は首を横に振る。

「え？　５個で２００円か？」

初郎の問いかけに優二はうなずいた。

５個で２００円。四つ葉の和菓子の値段はなんとも庶民的だ。これではお金もたまらないはずだ。良心的といえば聞こえはいいが、その値段を保てたのは、犠牲的といってもいいほどの家族の長時間にわたる労働があったからだ。

早朝から夜まで、毎日毎日、休みもとらずに両親は働き続けてきた。そんな両親を見ていると、手伝わないわけにはいかないというみどりの気持ちもわかる。おれひとりがなにも知らずに、何百円かの饅頭を売った金で学校に行かせてもらっていたんだな。

５個入りパックの他に、箱には個包装の饅頭も入っていた。そう、四つ葉ではこの饅頭を１個単位でも販売していたのだ。１個40円の饅頭を売ったところで手間だけかかって儲けが少ない。おやじはとことん商売下手だった。家族が食べられたらそれでいいと、お金儲けには興味がない人だった。むしろ、お金儲けを悪く考えていた節もある。この時代に、１個40円の饅頭だなんて、商売人としてのセンスはなかったと言わざるを得ない。

「よし、一緒に売るぞ。こっちに来い」

優二は、いつも作業場にいて店先に出たことはないとみどりから聞いている。家族以外の人と話すのが怖いのだろう。だけど、慣れてもらわないと困る。

「立っているだけでいいんだ。こっちに来い」

優二はしばらく迷っていたようだが、意を決したように店から一歩外に出て、ワゴン台の横に立った。

小さなお客様

「よかった、再開されたのですね」
しばらくすると、小学校低学年くらいの子どもを3人連れた女性がやってきた。
「このお饅頭はこの子たちの月1回の楽しみでね。ほんとよかった。ありがとう。再開してくださって」
3人の子どもたちはそれぞれが10円玉を握っており、4枚の10年玉と引き換えに、懐《かい》紙《し》に包んだ饅頭を手にする。初郎は大きな声で「ありがとうございます」と言い、優二もぺこりと頭を下げた。子どもたちは目をキラキラさせながら、その場で饅頭にかぶりついていた。儲けを度外視して1個単位での販売を続けていたおやじの気持ちがほんの少しわかった。

100個ほどの饅頭はすぐに売り切れ、初郎と優二はシャッターを閉めて中に入った。優二が、ちょっと待って、というようなしぐさをしてレジの近くの戸棚を開け、1枚の名刺を初郎に差し出した。

「和菓子の田中　代表田中和成《たなかかずなり》」

「和菓子の田中」といえば、デパートにも入っている有名な和菓子屋だ。

〈父さんの知り合い〉

優二がスマホに文字を打ち込み初郎に見せた。初郎が戸惑っていると、

〈和菓子のことを教えてくれる〉と追加で文字を打つ。

「そうなんだ」

〈四つ葉のこともよく知っている〉

「へえ」

初郎の反応の薄さに少しいら立った様子で、優二は勢いよく文字を入力し続ける。

〈四つ葉を継ぐならもっと知って。四つ葉のこと、和菓子のこと〉

優二の怒ったような真剣な表情を見て、初郎ははっとした。そうだよな。四つ葉のことも和菓子のこともなにも知らないくせに、四つ葉をやってみようと思う、というのは軽すぎるよな。

「わかった、田中さんに会いに行くよ」

そういうと優二は、大きく2回うなずいて、初めて初郎に笑顔を見せた。

帰宅後、初郎は早速名刺にあったアドレスにメールを送ってみた。

初めて知った父の過去　10/5

田中さんからはすぐに返信があり、時間を作ってもらえることになった。東京郊外にある和菓子の田中の本社ビル。応接室でしばらく待っていると、恰幅《かっぷく》のいい70代後半の和装の男性が現れた。

「あんたが福蔵んとこの困った息子さんかいな。面影あるなあ」

いきなりの田中さんの言葉に初郎は戸惑った。困った息子？　優二と間違えているのか？　おれはおやじを困らせたことなど一度もないはずなのだが。

「福蔵が亡くなったのは8月やったかいな」

「はい、その節はお世話になりました」

そういえば、田中さんは通夜の席にいらしたような気がする。あの時は、自分のことで頭がいっぱいでよく覚えていない。

「福蔵とわしはな、修業仲間なんや。福蔵が18で、わしが20歳。風花堂という和菓子屋で、3カ月ほど同じ部屋で寝泊まりしてたんやで」

知らなかった。おやじは18歳で和菓子の世界に入ったのか。

「それで、あんたが四つ葉を継ぐんか？」

「はぁ、まあ、その方向で検討していまして……」

「なんや、はっきりせんな」

ここは「はい、継ぎます。ご指導お願いします」と言うべきなんだろうが、初郎の中にはまだそう言い切れない迷いがあった。

「そんなええ加減な気持ちで店を継ぐんか？」

いい加減な気持ちと言われれば、その通りだ。会社を辞めてひと月以上が経った。そろそろ次の仕事を探したほうがいいのだろうが、どうも気が進まない。会社という組織に属して、また嫌な上司だったら？　また職場の雰囲気が悪かったら？　そう考えると一歩踏み出せない。

かといって他にやりたい仕事があるわけでもない。今、目の前に親の遺した和菓子屋があり、両親の想いがあり、和菓子を作ること以外はなにもできない弟がいる。みんなのことを考えたら、自分が四つ葉を継ぐのがいちばんではないか。

「ははは、福蔵とおんなじ顔をしてるわ」

「え？　おやじと？」

「福蔵もな、しぶしぶ四つ葉を継いだんやで」

「そうなんですか？」

まったく知らなかった。田中さんの話によると、おやじは学業成績が優秀で大学進学を予定していたらしい。ところが、入試の少し前に父親である大福《だいふく》が急死。母親と妹の生活を支えるために、泣く泣く四つ葉を継いだとのことだった。

「勉強したかったという自分の夢を、息子のあんたに託したんやろな。あんたが医学部に行きたいと言ったとえらい喜んではった。福蔵は商売が下手でな、金もないのに、あんたの学費には相当つぎ込んだらしいな。紬さんから聞いた話や」

おふくろの手帳にあった「家計が苦しい」というのは本当だったようだ。

「結局、経営学の道に進んだんやろ？　福蔵も紬さんも、息子が店を継ぐ準備をしていると思って喜んではったで。それやのに、大阪の会社に勤めて、そのまま大阪に居ついてもうて。困った息子やがな」

言葉とは裏腹に田中さんは優しい笑顔だ。おやじとおふくろの願いを深く知っているからこそ、今こうしてその願いがかなう状況になったことを喜んでくれているのかもしれない。

「まあ、これもなにかの縁や。時間あるか？　一杯やりながらゆっくり話そうか」

「ありがとうございます。ただ、わたし、お酒は……」

「なんや、飲めへんのか？」

「いえ、お恥ずかしい話ですが、実は酒で失敗をしまして」

そういうと田中さんは、がはは、と笑った。

「そこも福蔵と同じやな」

おやじと同じ？　おやじが酒を飲んでいるところは見たことがない。和菓子作りに必要な繊細な味覚を保つため、酒は飲まないと聞いたことがある。

その後、田中さん行きつけの近くの和食店に連れて行ってもらい、食事をしながら四つ葉の創業のことやおやじのことをいろいろ教えてもらった。

おやじのおやじ、つまり初郎の祖父であり、四つ葉の創業者の大福は、東京大空襲で家族と家をなくしたらしい。終戦後のどさくさをなんとか生き抜いてきたが、ついに命が果てそうなときに、ある屋台のおじさんが手を差し伸べてくれた。詳しい事情はわからないが、その後屋台を引き継ぎ、その近隣の土地を手に入れた。今の四つ葉はその場所に建っている。

「その屋台は、饅頭とか団子を売っていたらしいわ。大福さんは、屋台を引き継いだ後も、食うに困ってる子どもたちにタダで饅頭を配ってたそうやで。そや、四つ葉の近くに児童養護施設があるやろ？　福蔵は大福さんの志を継いで、そこの子どもたちに和菓子の差し入れを続けてたはずや」

そういえば、この前の親子には見えない女性と3人の子どもたち、あの子たちは児童養護施設の子どもだったのか。そうか、儲けを度外視した1個40円の饅頭には、そういう理由があったのか。

「父がお酒を飲んでいたとは知りませんでした」

「福蔵が酒をやめたんは、あんたが生まれたからやで」

え？　おれが生まれたことと関係が？

「やりたくもない和菓子屋を継がされて、いきなり住み込みの修業に出されて、あの頃の福蔵は不平不満の塊やったわ。修業にも身が入らへんから怒られっぱなしや。

未成年の福蔵に酒を教えてしまったのは、実はワシやねん。3カ月の修業が終わった後、福蔵は母親と一緒に四つ葉をやってたんやけどな、なにしろ若い店主やろ？　問屋さんに質の悪い商品をつかまされたり、お客さんに難くせをつけられたりと、なかなかの苦労やったと思うで。酒でも飲まずにはやってられへんかったんやろな。毎晩毎晩、飲んでたらしいわ」

飲まずにはやってられない。その気持ちは痛いほどわかる。酒を飲んだところでなにも解決しないとわかっていても、それでも飲まずにはいられなかった。しかも、おやじは18歳。18歳なんてまだまだ子どもじゃないか。うちの幸次郎よりも若い。心の準備もなく、有無を言わさず家族の生活を支えるために家業を継がされる。それほどの重圧だっただろうか。お酒に逃げたくなる気持ちもわかる。

「酒ばっかり飲んで一向に商売に身が入らん福蔵を見かねて、早めに所帯を持たせることにしたんやろな。20歳そこそこで見合い結婚、それがあんたのお母さんの紬さんや。すぐにあんたが生まれた。

それから福蔵は心を入れ替えたんや。自分の子どもには、やりたいことをさせてやりたい。勉強もさせてやりたい。大学にも行かせてやりたい。そのために本気で和菓子屋をやっていくと決心したんやろな」

初郎の胸にこみ上げてくるものがあった。おれが生まれたのはおやじが20歳の時だ。おれが20歳の時なんて、親のお金で大学に行き、1人暮らしをして、毎日麻雀に明け暮れていた。

おやじはその年で、子どもの、つまりおれの将来のことまで考えて大好きな酒をやめてくれたのか。初郎は、自分がいかに両親の気持ちを知らずに生きてきたのかを知り、恥ずかしくなった。

おやじの想い、おふくろの想い。今さらだけどその想いに少しでも応えたい。

よし、やろう。ふたりが遺してくれた四つ葉を継ごう。初郎の迷いが徐々に消えていく。

「和菓子の田中」には、和菓子職人を育成するための研修センターがあった。田中さんから、「ごちゃごちゃ考えてないで、和菓子の世界に飛び込んでみ」と言われ、その研修センターのお世話になることにした。2週間の泊まり込みだ。なにせ和菓子屋の朝は早い。泊まり込みでなければ朝の仕込みに間に合わない。朝5時には作業着に着替え、持ち場につく。会社を辞めてから自由な生活をしていた初郎には、毎朝の早起きがきつかった。

次にきついのは、熱いこととやけどが絶えないこと。和菓子作りには火を使う作業が多い。窯場《かまば》と呼ばれる大きな窯のある場所では、室温が50度近くにもなる。その中で火のついた銅鍋につきっきりになり、へらを動かし続ける。うっかり鍋に触れたり、または豆が飛んできたりして、そのたびに腕や指にやけどが増えていくというわけだ。へらを動かすのにも力がいる。最初は水分が多いから軽いのだが、だんだん重くなっていく。でも手を動かすのをやめるわけにはいかない。研修期間の2週間、やけどと筋肉痛から解放された日はなかった。

これらの作業の大半は、今は機械で行っているようだが、この研修センターでは昔ながらの和菓子作りをひと通り経験することになっていた。

おやじが毎朝、早起きし、1日中作業場で和菓子を作っていたことは知っていた。でもこれほど大変な作業だとは知らなかった。2週間でも音を上げそうな作業を毎日ほとんど休まずに、何十年も。

おやじ、ありがとう。そして、優二、ごめん。優二だって何十年もこの生活をしていたのだ。そんなことも知らずに、菓子を作るだけなら誰でもできるなんて暴言を吐いてしまった。思わずつかみかかるほど優二が怒るのもよくわかるよ。

第2回遺産分割協議

2回目の遺産分割協議は10月の下旬に開かれた。あと1週間で11月になるとは思えない暖かさで、初郎は汗をかきながら四つ葉に到着した。参加者は前回と同じく鈴木税理士と3人のきょうだいだ。
「前回の協議で土地を売却するというお話が出ていましたので、計算してまいりまし

た」

鈴木税理士が資料を配る。

「こちらの資料をご覧ください。土地の相続税評価額についてですが、路線価が1平方メートル当たり93万円でした。これに土地の広さをかけまして、9200万円ほどになります。そこに建物の評価額100万円と預貯金の300万円を足して、相続税の課税対象は9600万円ほど。そこから基礎控除分を引き、引いた額を3等分し、相続税の税率をかけると1人約190万円、相続税の合計は約570万円になります」

570万円も取られてしまうのか。ほぼ手取り年収と同額ではないか。親の財産を子どもが引き継ぐ。ただそれだけのことになぜそんなに税金に持って行かれるのだと初郎は不愉快に思った。

「そして、ここからは土地を売却した場合のお話です。評価額から考えて、不動産屋との取引額は、1億1000万円から1億2000万円の間くらいでしょう。そこから取得費や仲介手数料などを引いて、8000万円ほど。これにかかる税金は1600万円ほどです」

「え？　1600万も税金に持って行かれるということですか？」

「そうなります」

「何十年も所得税と住民税を納めてきた人が残した財産に相続税がかかり、その税金を払うために土地を売却したら、そこにもまた税金がかかるってことですか？」

「おっしゃる通りです。働いて遺した財産にまた税金をというのは、違和感があると言われるのはよくわかります。ただ世代が変わる時に富の再分配をしないと、国民の間でさらに格差が広がってしまいます。そうならないように相続税があるのです」

初郎は想像を超えた税金の額に怒りを感じる。

「で、結局いくらもらえるんですか？」みどりが結論を急ぐ。

「土地の売却費用から各種税金を引いて、仮に3等分した場合は、約3000万円ずつとなります」

よかった。最初のイメージ通り3000万円はもらえるんだ。

いや待て、これはあくまで土地を売却した場合の話だ。土地を売却せず、この場所で四つ葉を継ぐ場合には1円も入ってこないだけではなく、手取り年収に匹敵するほどの相続税を払わなければならない。

四つ葉を継ごうと決心を固めた初郎の気持ちがまた少し揺らいだ。本当にいいのか、本当に。目の前の３０００万円をあきらめても。

いや、いいんだ。みんなのためにはそれがいいんだ。

その時、みどりが仏壇に向かって手を合わせた。

「お父さん、お母さん、ありがとうございます。このお金は大切に使わせていただきます」そして、初郎と優二に向き直った。

「これ以上、モメたくないし話し合いもしたくないわ。わたしは遺産の50％をもらいたいと思っていたけれど、もうそこは折れるわ。ここを売却して３０００万円ずつ分けましょう。本当に四つ葉を続けたいなら、そのお金で近くの店舗を借りればいい。２人で６０００万円あれば、そこそこの場所で新しいお店を作れるわよ。お父さん、お母さんもきょうだいがモメることを望んではいないわよ」

優二は口をぎゅっと結んで首を横に振る。

「鈴木さん、売却するには3人の同意が必要ですよね」初郎が尋ねる。

「ええ、そうです。優二くんが同意しないと土地の売却はできません」

「ねえ、優二。わかって、お願いだから」

優二はもう一度首を横に振った。それは、この先どんなに説得したとしても無駄だという決意を感じさせる態度だった。

「もし、このまま話がまとまらなかったらどうなるのですか？」初郎が鈴木税理士に聞いた。

「**家庭裁判所の調停**[注9]になりますね。それと10カ月以内に相続税の申告をしないと**無申告加算税や延滞税**[注10]といったペナルティーを払うことになります」

「そうですか。実は、わたしと優二で店を継いで、みどりには相続分の現金を支払う方向で検討しているのですが」

「代償分割ですね。仮に均等に3等分するのであれば、みどりさんに現金で3000万円をお渡しすることになります」

手元には退職金としてもらった1700万円と300万円の貯金がある。すべてをみどりに渡したとしても足りない。それに四つ葉が軌道に乗るまでの運転資金だって必要だ。

「さっさと土地を売ってしまいましょう。ね、それがいいわよ」みどりが決断を促が

注9　家庭裁判所の調停：家庭裁判所が仲介する紛争解決手続き。裁判のように勝ち負けを決めるのではなく合意に基づいて解決するやり方。
注10　無申告加算税や延滞税：期限内に申告できなかった時の遅延に対する罰金。

す。優二は救いを求めるように初郎の顔を見た。

「例えば、どうだろう？　まずはおれの手元にある1000万円をみどりに渡す。残りのお金は店の経営が軌道に乗ったら少しずつ払うというのでは？」

「いやよ、素人のお兄ちゃんが四つ葉を継いだって、うまくいくかどうかなんてわからないじゃない。軌道に乗る保証なんてないわよ」

そう言われたら返す言葉がない。

その時優二が不意に立ち上がって、自分名義の預金通帳をみどりに差し出した。みどりが中を見て言った。

「優二、え？　これ、あなた……」

初郎も通帳をのぞき込んだ。そこには、毎月10万円ぐらいの入金の記録がきれいに並んでいた。しかも何ページにもわたってだ。引き出した形跡は一切ない。これは、**青色事業専従者**[注11]として、優二が受け取っていた給料だ。

「え？　まったく使ってなかったの？」

みどりが驚いた口調で言う。それもそうか。優二には、友達もいなければ、趣味もない。外食もしなければ、ひとりで出かけることもない。これまでずっと家の中にいて、お金を使うことがなかったのだろう。

その通帳を見て、45年間の優二の人生に思いをはせた。優二にとってはここ四つ葉だけが世界のすべてだ。その世界を守ってやりたいと初郎は思った。通帳の最後のページの残高は3000万円を超えていた。

優二は通帳をみどりに押しつける。みどりはその通帳を押し返した。

「もらえないわよ。わたしはお父さんとお母さんの遺してくれたものを相続したいの。優二のお金がほしいわけじゃない」

優二は先ほどより強く通帳をみどりに押しつけた。

みどりはその手を払いながら懇願するような口調になった。

「ねえ優二、四つ葉はここじゃなくてもできるわよ。他でやればいいじゃない」

〈四つ葉はここ。大事な場所〉

そうだった。この前、田中さんに聞いた話を思い出した。この場所は、祖父の大福が命を救われた場所。初代四つ葉の屋台があった場所だ。四つ葉の創業地、父が生まれて育った場所、おれたち3人が生まれ育った場所。ここはそんな場所なんだ。初郎

注11　青色事業専従者：所得税の申告をするとき、青色申告をしている個人事業者が、生計を一にする親族に対して給与を払える。それを受け取る人が青色事業専従者。

は、みどりがこの話を知らずに土地の売却を進めようとしているのだと思ったので説明した。

「知ってるわよ、そんなこと。お父さんからもお母さんからも何回も聞いたわ」

「知っているならわかるだろ。ここじゃなきゃダメなんだ」

「わかんないわよ、昔のことは昔のこと。今は今よ」

話はまとまりそうにない。初郎が頭を抱えていると、鈴木税理士が助け舟を出してくれた。

「初郎さんと優二くんはこの場所で四つ葉をやりたいんだよね。みどりちゃんは、相続分の現金がほしいってことだよね」

「だったらいいじゃないか。いったん、優二から３０００万円もらえよ。優二には後で半分返すから」

「違うわ。お金じゃないのよ」

「だったらなんだよ！」

「だからわたしは、お父さんとお母さんの遺してくれたものがほしいのよ」

「金は金だろうが！　訳わかんないこと言うなよ」

初郎とみどりの声が大きくなっていく。鈴木税理士が間に入った。

「まあまあ、落ち着きましょう。ほら、仏壇を見てください。福蔵さんも紬さんもきょうだい仲良くしてほしいと願っていらっしゃいますよ。冷静になってください。全員が納得する方法を考えましょう。まだ時間はありますからね」

2回目の話し合いもうまくまとまらなかった。

みどりが本当にほしいもの

「で、どうだったの？　今日の遺産分割協議」

初郎が家に帰ると、幸次郎が興味津々で聞いてきた。

「平行線。みどりは土地を売ると言い張るし、優二は絶対売らないって」

「ふ〜ん、ドラマみたいやね。おもしろくなってきた」

「ドラマだったらよかったんだけどな。このまま平行線だとまずいことになる」

「どうなるの？」

「10カ月を過ぎると延滞税だったかな、もっと多くの税金が発生し続ける」

「ますますおもしろいね。結末はいかに！　これをネタに一本芝居が作れそう。それでお父さんはどうやって決着をつけるつもり？」

「みどりに納得してもらうしかないだろうな」

「みどりさんはお金がほしいの？」

「いや、それがよくわかんないんだよ。優二がこれまでに使わずにためてきたお金があるんだけど、それをみどりに渡すと言ったらみどりが拒否してね」

「ふ～ん、お金ってわけでもないのか」

「わからん。おれは人の気持ちがわからん、女の気持ちはもっとわからん」

初郎はいまだに連絡がとれない桜子のことを考えた。

「お前は人の気持ちとかいうのが得意なんだろ？」

「なんとなくやけど……みどりさん、さびしいんちゃう？」

「さびしい？」

「これまでは、おじいちゃん、おばあちゃん、みどりさん、優二さんの4人で四つ葉をやってきたわけやん？　そこへお父さんがひょっこり現れて、これからは優二と2人でやっていきます、なんて言われたら……。なんていうのかな、自分がのけ者にされた感じがするやろ？　だからお金じゃないんやろな」

「じゃあ、どうすればいいんだ？」

「きょうだい3人で仲良く四つ葉をやるわけにはいかんの？」

「お父さんはそれでもいいよ。みどりは四つ葉の経理や接客をやっていたからな。手伝ってもらえたら助かるよ」

「お父さん、その手伝うっていうのが違うねん」

「え？　どこが？」

「みどりさんは四つ葉の先輩やろ？　手伝ってやなくて教えてくださいやろ？」

「は？　そうか？」

「あ〜、なんかみどりさんがへそを曲げるのもわかるわ」

「は？　さっぱりわからん」

「リスペクトがなさすぎ。何十年もの間、四つ葉を守ってきたことへのリスペクトや。お父さんは四つ葉にとってはよそ者なんやで。後から来て、前からいた人に、手伝ってくれたら助かるわ、って何様やねんって思うやろ？」

「そういうもんか？」

「あなたのことが必要です。力を貸してくださいって、頭を下げるくらいやないと」

「え～、なんでおれが……。やりたくないやつに手伝ってもらわなくていいよ」

「それは平行線にもなるわな。ちょっと時間ちょうだい。ええ方法を考えてみるから」

そう言うと幸次郎は立ち上がってリビングを出て行った。

【解説】

◎「聞く」ことから、すべてが始まる

この場面でのテーマは「傾聴」です。

初郎さんは人の話をよく聞くようになってきています。傾聴は対話の基本です。わたしたち相続の専門家も、傾聴を大切にしています。

相続について打ち合わせをしている際には、「と、おっしゃいますと」という言葉をよく使います。これは魔法の言葉で、こう言って返事を待っていると、お客様自身が解説をしてくださいます。その中でわからない言葉が出てきたら、もう一度「と、おっしゃいますと」と言って、さらにお話を伺っていきます。

そうしてお客様の「悪いのはあの人だ」「かわいそうなのはわたしだ」といった思いが出尽くした後、「では、どうされますか?」と聞きます。そうすることで、次の一歩を踏み出せることはよくあります。

【解説】

◎土地を売って3人で分けるといくらになる？

相続の場面では、さまざまなシミュレーションをすることがあります。鈴木税理士は、仮に不動産を売却して3人で分けた場合、1人当たりの受取金額は3000万円ずつと説明しました。
なぜこのような計算になるのか、解説していきます。

鈴木税理士の計算にはステップがあります。
まず、売った金額から引ける控除額を考えていきましょう。

売却したお金から控除できるもの

①取得費
不動産の取得にかかった経費です。内訳がわからない場合は5％控除できます。

②仲介手数料
不動産を売却する際、仲介会社に支払う手数料です。これは控除できます。ここ

では3%として計算します。

③居住用3000万円控除の適用

現在住んでいる家を売った場合、譲渡所得から最大3000万円が控除されます。被相続人である福蔵さんと同居していた優二さんのみ使える制度です。優二さんのケースでは、住んでいた居住用財産部分（2階部分=全体の半分）に適用されます。

④相続税の取得費加算

相続財産を売却した時に、相続税の一部を取得費として控除してくれる制度です。相続税×（売却した土地建物の評価額 ÷ 全体の相続財産）で求められます。この場合、便宜的に合計で計算を行いますと、573・6万円×（9223・7万円÷9623・7万円）=549・7万円で、相続税の取得費加算は549・7万円となります。

売却した場合、どれくらいの金額になるのか

四ツ葉家のある商店街の土地においては、路線価が93万円でした。30坪を平方メー

【解説】

トルに換算すると99・18㎡ですから、

93万円×99・18㎡＝9223・7万円

これが土地の評価額となります。

これを売りに出した場合、時価に置き換えると、

9223・7万円÷0・8＝1億1529・6万円

これは実際に売りに出したわけではないので、大体これくらいになるだろうという理論値です。土地の相続税評価額は時価の約8割ですから、相続税評価額÷0・8で出した算出額です。

ちなみに、土地の売却金額1億1529・6万円を3人で割ると、1人当たり3843・2万円となります。

売却金額にかかる税金

土地を売却した場合は、さまざまな手数料や税金がかかります。譲渡時の税金、所得税、住民税、復興特別所得税の計算をしていきましょう。

まず引かれるのは、

土地を売却して3人で分けた場合に引かれる税金や手数料

全体

譲渡金額（時価＝土地評価額を0.8で割る）		**1億1529.6万円**
取得費（譲渡金額の5％）		**576.5万円**
仲介手数料（譲渡金額の3％）		**345.9万円**
相続税の取得費加算	相続税の額	**573.6万円**
	売却した土地の評価額/全体の評価額	0.9584
	相続税の取得費加算	**549.7万円**

初郎・みどり

譲渡所得	3352.5万円
税率（所得税＋住民税＋復興特別所得税）	20.315%
譲渡所得税	**681.1万円**

優二

3000万円特別控除（住居〈1/2〉部分）	1676.3万円
譲渡所得	1676.3万円
税率（所得税＋住民税＋復興特別所得税）（注１）	14.21％
譲渡所得税	**238.2万円**

（注１）居住用3000万円控除を適用しても引ききれない所得については、一定の要件を満たすと居住用軽減税率を適用できる。

【解説】

・取得費　５７６・５万円（譲渡金額の５％）
・仲介手数料　３４５・９万円（譲渡金額の３％とする）
・相続税の取得費加算　５４９・７万円

これらを合計すると、１４７２・１万円が引かれることになり、１億57・５万円。３人で割ると、１人当たり３３５２・５万円が譲渡所得金額となります。

初郎さんとみどりさんの場合、ここから譲渡所得税を計算します。もろもろ差し引かれた１人当たりの譲渡所得金額３３５２・５万円に税率20・３１５％（所得税・住民税・復興特別所得税を合わせた合計税率）をかけると、譲渡所得税は１人当たり６８１・１万円となります。

優二さんは、居住用３０００万円控除の適用部分を計算します。

１人当たりの譲渡所得３３５２・５万円（これは1階と2階の全体）から居住用（2階相当分）を割り出します。対象３３５２・５万円÷２＝１６７６・３万円を差し引いた１６７６・３万円に14・21％（所得税・住民税・復興特別所得税）をかけて、２３８・２万円となります。

土地を売却して３人で分けた場合の手取り

初郎・みどりの手取り

譲渡金額		3843.2万円
税金・手数料等	相続税	191.2万円
	譲渡所得税	681.1万円
	仲介手数料	115.3万円
	合計	987.5万円
手取り		**2855.7万円**

優二の手取り

譲渡金額		3843.2万円
税金・手数料等	相続税	191.2万円
	譲渡所得税	238.2万円
	仲介手数料	115.3万円
	合計	544.7万円
手取り		**3298.5万円**

【解説】

まとめると、初郎さんとみどりさんは、売却金額3843・2万円から税金や手数料を引き、手取りは2855・7万円。優二さんは、売却金額3843・2万円から税金や手数料を引き、手取り3298・5万円となります。

鈴木税理士は、これを概算で3000万円と言ったのです（133ページ参照）。

◎自分の預金と名義預金の違い

相続では、「名義預金《めいぎよきん》」といって、親が子ども名義で預金をしている通帳が出てくることがあります。実はこの名義預金、税務署からは相続財産とみなされてしまうことがよくあります。

優二さんが自分の預金通帳を差し出しました。これは相続財産でしょうか？

優二さんの給料については優二さんの役務提供の対価であり、優二さんのものです。よって福蔵さんの相続財産ではありません。優二さんが自由に使えるお金です。

◎分けられないものを分ける「代償分割」

みどりさんが主張している「代償分割」について、詳しく説明しましょう。

代償分割とは、相続財産を特定の相続人が取得し、その代わりに他の相続人に対して代償金を支払う方法です。

例えば、不動産など分割が難しい財産を1人の相続人が取得し、その代わりに他の相続人に現金を支払うことで公平に分割を行います。

代償分割の相続税

代償分割を行う場合、相続税の計算は以下のようになります。

1　**代償金を支払う相続人**

相続財産の価額から代償金の価額を控除した金額が、課税価格となります。

2　**代償金を受け取る相続人**

相続財産の価額に代償金の価額を加えた金額が、課税価格となります。代償分割の贈与税はかかりません（遺産分割協議書に代償分割の記載がない場合、代償金の支払いが贈与とみなされる可能性があります。また、代償金が相続財産の価額を超える場合、超過分が贈与とみなされ、贈与税が課税されます）。

代償分割の課税価格の計算例

土地を売らない代わりに、初郎さんと優二さんが、みどりさんに代償分割をする案も出てきました。仮に、この2人がみどりさんに代償分割を行った場合の課税価格の計算は、以下になります。

代償分割を行う際には、遺産分割協議書に明確に記載し、代償金の額が適

（例）9300万円の土地を2人が相続し、1人に代償分割する場合

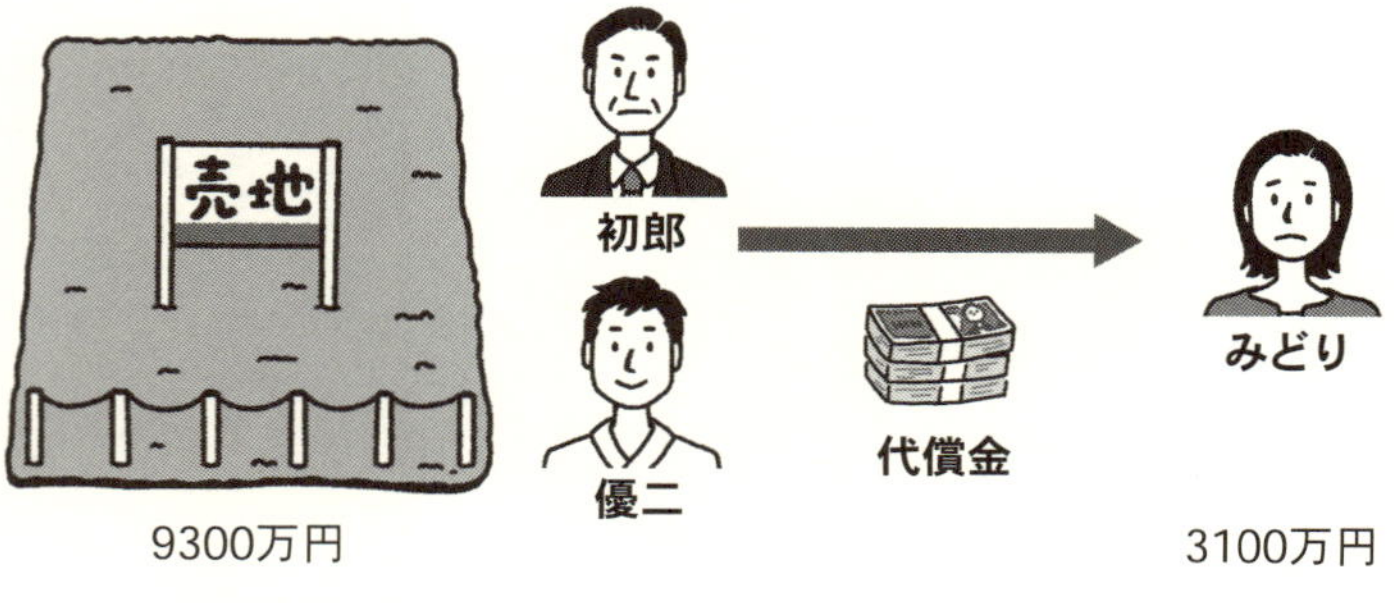

初郎・優二の課税価額

相続財産（9300万円÷２）－代償金（3100万円÷２）＝それぞれ3100万円

みどりの課税価額

代償金3100万円

切であることを確認することが重要です。

◎相続で知っておきたい「気持ちの収め方」

四ツ葉家の3人のきょうだいは、それぞれの意見があり、モメています。モメる多くの事例は、コミュニケーションが取れていないことが多いようです。法的に争った人たちに聞くと、貴重な時間が取られ、ストレスが残ったと言われます。

我慢ができない時には、次の言葉を贈ります。

「天網《てんもう》恢恢《かいかい》疎《そ》にして漏らさず」

中国の故事で、「天の網は広くて目が粗いように見えるが、悪人を漏らさず捕らえる」という意味です。

この言葉は『老子』に由来し「天道（天の道理）は厳正であり、悪事を働いた者は必ずその報いを受ける」という考え方を表しています。わたしが罰せなくても天は見てくれていると考えると、少しはイライラが収まるかもしれません。

【解説】

4章　幸せのかたち――みどり

お金があれば幸せ？

11/1

銀座にあるカフェ。和のテイストを取り入れ、銀座にふさわしい高級感を醸し出している。みどりは、娘の杏と季節限定のぶどうを使った和風パフェを食べている。

「う～ん、残念。このあんこ、安い市販品じゃないかな。甘さがくどいし、豆の風味がしない」

「よっ、さすが！　和菓子屋の娘」と杏が茶化《ちゃか》す。

「まあね、物心がつく前から和菓子の味見をしていたからね」

福蔵は、よく子どもたちに味見をさせてくれた。子どもたちが食べている表情をじっくり見た後に、必ず感想を聞くのだ。おかげでみどりは、ひと口ひと口丁寧に味わって食べる習慣がついたし、甘いものに対する味覚は人と比べてかなり繊細になった。あんこをひと口食べただけで、どんな豆や砂糖を使っているのかがイメージできる。

このパフェ、1つ1300円。少し前のわたしならとても食べようと思わなかっただろう。パフェに１３００円なんて、どこかのお金持ちの食べ物だと思っていた。しかし、これで１３００円はぼったくりと言ってもいいだろう。原材料費はざっと３００円ほどではないか。立地とお店の内装、パフェの器やデザイン、そこにお金を払っているようなものだ。

四つ葉の和菓子のほうがよほどおいしいと思う。ほとんど機械に頼らず、一つひとつ丁寧に手作業で作られた和菓子たち。商品は、大福や饅頭、どら焼きなど、ありきたりなものだったが、味には自信がある。それが証拠に遠くから買いに来るお客さんもいるくらいだ。

あの味を保ちつつ、ほんのちょっとおしゃれにかっこよく、今風の言葉で言うとインスタ映えするような工夫をすれば、もっと儲かっただろうに。お父さんもお母さんも儲けることには興味がなかったからな。

「明日のディズニーランド、楽しみだね。わたしね、ディズニーのオフィシャルホテルに泊まるのが夢だったんだ。でもほんとにいいの？　そんな贅沢をして。高いんでしょう？」杏が心配そうに言う。

子どもの頃から、杏にはずっとお金の面で我慢をさせてきた。ディズニーランドにも連れて行ったことがない。でも、もうすぐ３０００万円が手に入るのだ。お金が入るのはまだ先だが、少しくらいは先に使ってもいいだろうとみどりは思った。

「ほんとに大丈夫なの？　遺産ってそんなにもらえるものなの？　おじいちゃんってお金持ちのようには見えなかったんだけど……」

「おじいちゃんじゃなくて、四つ葉の土地よ。ここ10年の間に値段がすごいことになっていたんだって」

「ふ～ん、そうなんだ。でもさ、まだお金が入ったわけじゃないよね？」

杏はなかなか鋭い。実はなにかのためにためていた定期預金を解約した。その額１００万円。１００万円なんて、３０００万円と比べたら大した額じゃない。ちょっとだけ先に使うだけだ。なんの問題もない。

「大丈夫よ。お母さんに任せなさいって」

「でもさ、こんな使い方をしていたら、すぐになくなっちゃうんじゃない？」

「それくらいわかっているわよ。使っていい金額もちゃんと決めているの。前からやりたかったことをひと通りやって満足したら、普通の生活に戻るから」

「満足って、するものかな？」

「え？」

「人の欲ってキリがないっていうし。生活レベルを上げちゃうとなかなか下げられないって聞くよ」

「わたしは大丈夫だって。せっかく手に入ったこの幸せがこの先もずっとずっと続くように考えて使うわよ」

「幸せか〜。今のお母さんが感じているのは幸せじゃなくて快楽だけどね」

「快楽？　どっちでもいいじゃない、そんなの」

「この前ね、大学で**ウェルビーイング**[注12]についての授業があったの」

「ウェルビーイング？」

「まあ、ざっくりいうと幸せのことよ。幸せと快楽は大違いなのよ」

「どう違うの？」

「快楽はね、長続きしないの。必ず飽きる。そして、もっともっと強い快楽がほしくなって、現状に不満を感じるの。その先にあるのは不幸かもしれないね」

「ちょっと〜、不幸だなんて縁起でもないこと言わないで。この先、安心して暮らせ

注12　ウェルビーイング：身体的・精神的・社会的に良好な状態にあることを意味する概念。

るくらいのお金が入ってくるのよ。不幸になんてなるわけがないでしょ？」

「今のお母さんにはなにを言っても届かないね～」

杏は、これ以上話しても無駄だというように席を立った。

「あ、わたし、約束があるから先に出るわ」

「え、そうなの？　聞いてないけど」

この後、一緒に旅行代理店に行くつもりだった。この100万円でどこか海外旅行にでも行けないか相談しようと思っていた。せっかく連れて行ってあげようとしているのに。人のお金で旅行に行けるのは今だけよ。もっとありがたがって、感謝しなさいよ。なによ、勝手に帰っちゃって。まったくわかってないわね。そんな態度ならもう連れて行ってあげないからね。杏に対する怒りがふつふつと湧いてくる。

同時にみどりは、あることに気づいた。杏が一緒に行ってくれないと、わたしはひとりだ。わたしには一緒に旅行に行ける親しい友達がいない。子育て、夫の看病、母の介護に店の手伝いにと、自分の時間を捧げてきた。夫とは仲が悪いわけではないが、一緒に旅行に行きたいとまでは思わない。それに夫は仕事優先で、旅行のために会社を休んだりはしないだろう。

――お金があっても、ひとりだとむなしいのね。

ついさっきまでキラキラしていた海外旅行のイメージが、急にくすんだものに思えてきた。すぐに席を立つ気になれず、みどりはぼーっとカフェのメニューを眺めた。

「秋の新作　秋色フェスタ　栗を使った和風パフェ」か、アクセントに柿を使うのもいいわね、あんを使うなら……手亡《てぼう》（白いんげん豆）を使った白あん？　寒天じゃなくてわらび餅……。いやそれは定番すぎる。そうね、ういろうなんてどうかしら？

カフェのメニューを眺めてあれこれ想像するのは、みどりの楽しみの一つだ。杏への怒りが少しずつ収まっていく。

満たされない理由

気温の高い日が続いていた11月だが、下旬に入ったこの頃では薄手のコートが必要になる。
今日はエステの日。最初の数回は、高級感あふれる施設とまるでお姫様扱いのような接客にうっとりしていたけれど、人はだんだん慣れていくものだ。今ではむしろ、接

客のマイナス面に目が行く。「本当は庶民のくせに、この場所はあなたのような人が来る場所じゃないのよ」そんなふうに、心の中であざ笑われているのではないかと疑心暗鬼になるほどだ。

東京ディズニーランドと東京ディズニーリゾート・オフィシャルホテル、エステに寿司に焼肉。ずっと前から憧れていたことをひと通り経験した。少しお高い洋服も買った。靴も化粧品も新しくした。毎日が夢のようで幸せで幸せでたまらなかった。ただ、その感動は時間とともに減っていく。だんだんわくわくしなくなり、今では入れた予約を順番にこなしているだけの気分。幸せと快楽は違う。杏が言っていた言葉通りだ。

「ねえ、長続きする幸せってあるの？」

エステ帰りにカフェでアフタヌーンティーを味わいながら、杏に聞いてみた。

「ははあ、お母さん、さては快楽に飽きてきたのね」

「まあね、わくわくするのって最初だけなのよね」

「言ったでしょ。快楽は長続きしないものよ」

「じゃあ、どうすればずっと幸せでいられるの？」

「ひと言で言うと、やりがいとつながり」

「やりがいとつながり……？」

「ねえ、お母さんの幸せについて一緒に考えてもいい？」

「まぁいいけど」

「ここ最近で、お母さんがやりがいを感じた場面ってある？」

みどりは考える。やりがいねぇ……。やりがいってなんだっけ？

みどりが答えられずに黙っていると、杏が助け舟を出した。

「充実感とか達成感とか、やってよかった、満たされている、役に立った、みたいな？」

「楽しかった、とは違うの？」

「ちょっと違うかなあ。改めて聞かれるとわたしもわからなくなっちゃった。じゃあ別の質問ね。お母さんが得意なことは？」

「別にないわ。どこにでもいる普通のおばさんよ」

「そんなことはないよ。ちょっと待って、わたしも一緒に考えるから」

杏もしばらく考えた。

「そういえば、繊細な味覚の持ち主って言ってたよね」

「まあ、それはそうね」

「ほかには……整理整頓が得意よね。家もお店もいつも片付いているし」

「普通よ」

「時間の使い方もうまかった。家のこともきちんとしながら、お店の手伝いもやって。家とお店を1日に何度も往復してたもんね」

ふ～ん、娘はわたしのことをちゃんと見ていてくれたんだな。それがわかってみどりは静かに感動した。私が店や家のことを手伝っていても、父からありがとうという言葉を聞いたことがない。わたしも期待はしていなかったけれど、こうして娘がわかってくれていたと知って、少し報われた気がした。

「次は、お母さんの好きなことはなに？」

「そうね……おいしいものを食べること」

「具体的には？　なにが好き？」

「なんでも好きよ」

「じゃあね、この1カ月で一番よく行ったお店は？」

みどりは最近どこでなにをしたかを思い出した。

「いろんなお店に行ったけど、毎日のように行ったのはカフェね」

「お母さん、カフェのスイーツが好きだもんね」

「そうそう、このお店ではどんなスイーツを置いているのかなとメニューを見るのが好き」

「カフェのスイーツの中でよく食べるのは？」

「そうね。同じものは食べないわね。新作とか季節物とかが好きかな」

「新しい味覚の発見ね。ということは、自分でメニューを作れたら幸せ？」

「ああ、それはよく妄想するわ。わたしだったら、このフルーツにはこのクリームを組み合わせるとか」

「なるほど。よくわかった。お母さんの好きなことと、得意なことを生かして、誰かの役に立つとしたら、パティシエ、和菓子職人、カフェオーナーってところね」

「ちょっとやめてよ。もうすぐ50になるっていうのに、なんで今さら……」

「じゃあ、やりがいの話はいったん横に置いて、今度はつながりの話ね」

「つながりねえ。それはあんまりないな。友達、いないしね」

「わたしがいるじゃん。うちはかなり仲のいい親子だよ。そうじゃない親子だってい～っぱいいるんだから。お父さんとの仲も悪くないでしょ？」

「まあね、悪くはないわ。普通の夫婦だと思う」

「それから四つ葉。亡くなったおじいちゃんとおばあちゃん、そして優二さん」

「家族しかつながりがないって、さびしい人生よね」

「そんなことないって。つながりがまったくない人だっているんだから。家族がいれば十分よ。家族以外でよく話をしていたのは誰？」

「そうね……。四つ葉を手伝っていた時は、お客さんと店先でよく話をしたわ。ほら、売り場に竹でできた小さな縁台があったでしょ？　あそこに座ってお茶を飲んで」

「ありがとう。だいたいわかったよ。科学的なデータから推測できるお母さんがこの先の人生を幸せに過ごす方法」

「え？　なに？」

「ちょっと待って、作戦会議が必要だから」

杏はそう言うとにっこり笑った。

【解説】

◎幸せと快楽の違い

「今のお母さんが感じているのは幸せじゃなくて快楽だけどね」

「快楽はね、長続きしないの。必ず飽きる。そして、もっともっと強い快楽がほしくなって、現状に不満を感じるの。その先にあるのは不幸かもしれないね」

みどりさんの娘の杏さんのこの言葉に、はっとした人はいないでしょうか。

お金が手に入って、一時的には幸せを感じても、それは長続きしません。長続きするものこそが、本当の幸せだと杏さんは言います。

そしてそれはお金や物を手に入れることではなく、「やりがいとつながり」であるというのです。

◎相続でも役立つ「ウェルビーイング」の視点

杏さんがこのような考えを持つようになったのは、「ウェルビーイング」について学んでいるからです。

ウェルビーイング（well-being）とは、身体的・精神的・社会的に良好な状態を指します。これは単に病気がない状態だけでなく、全体的な幸福感や満足感を含む広い概念です。具体的には、以下のような要素が含まれます。

・**身体的健康**……病気やけがなく、体が健康であること。
・**精神的健康**……ストレスが少なく、心が安定していること。
・**社会的健康**……良好な人間関係や社会的なつながりがあること。

そもそもウェルビーイングは、１９４６年、ＷＨＯ（世界保健機関）の設立の際に考案された憲章の中で、健康の定義づけとして使われた言葉です。近年、このウェルビーイングの概念が、仕事や教育などさまざまな場面で重視されるようになってきま

【解説】

した。

ウェルビーイングが高まると、仕事のパフォーマンスが高まり、幸福感が高まったりするなど、生活の質が向上することが多くの研究で明らかにされています。

具体的には、以下のようなメリットがあります。

ウェルビーイングのメリット

1 **健康の向上**

身体的・精神的な健康が向上し、病気やストレスが減少します。

2 **生産性の向上**

仕事や学業において集中力や効率が高まり、生産性が向上します。

3 **幸福感の増加**

日常生活における満足感や幸福感が増し、生活の質が向上します。

4 **社会的つながりの強化**

良好な人間関係が築かれ、社会的なサポートが得られやすくなります。

ウェルビーイングの学術的研究

ウェルビーイングに関する学術的な研究は、多岐にわたります。代表的なものは以下の3つです。

・**心理学的研究**……マーティン・セリグマンの「PERMAモデル」など、ポジティブ心理学の分野でウェルビーイングの構成要素やその向上方法が研究されています。

・**経済学的研究**……幸福度と経済的要因（所得、雇用など）の関係を分析する研究が行われています。

・**社会学的研究**……社会的なつながりやコミュニティーがウェルビーイングに与える影響についての研究があります。

日本では、2024年4月、武蔵野大学に世界初のウェルビーイング学部が開設されました。ウェルビーイング学部では、さまざまな知見や成果を取り入れた学際的なアプローチにより、幸せ・生きがい・安心・福祉・健康・平和など、一人ひとりの多様な幸せと世界全体の幸せをデザインし、形にしていく人材を育成します。

学部長を務める前野隆司教授は、日本におけるウェルビーイング研究の第一人者です。前野教授によると、やりがいとつながりは、ウェルビーイングと大いに関わりがあるそうです。

わたしたち（天野隆、伊藤かよこ）も前野教授のお話を伺い、さまざまな場面でウェルビーイングを実現できるよう、学びを続けています。

このウェルビーイングの視点が加わることで、四ツ葉家の相続はこれからどうなっていくのでしょうか。

【解説】

5章　いちばん大切な財産――初郎

第3回遺産分割協議

前回の遺産分割協議から2カ月弱が経ち、少し冷静になったところで第3回の協議を行うことになった。年内に話をまとめて気持ちのよい新年を迎えたいものだと初郎は願う。

今回の話し合いに、幸次郎が参加したいと言い出した。子どもにお金の話を聞かせるのは気が進まないと初郎は断ったが、幸次郎はしつこかった。人生勉強になるとか、脚本作りに役立つとか、とにかくどうしても参加したいというので初郎は折れた。四つ葉については今までさんざん話してきたから、聞かれて困ることでもない。

これまでの2回と同じく、協議は四つ葉の店の奥の和室で行われる。初郎と幸次郎が和室のふすまを開けた時、そこにみどりとみどりの娘の杏がいた。

「え？　なんで？」

初郎とみどりは顔を見合わせる。幸次郎と杏はにっこりと笑った。

今回も鈴木税理士が口火を切った。

「では、3回目の遺産分割協議を始めましょうか」

「その前にちょっといいですか?」幸次郎がいきなり発言をした。

「おい幸次郎、おとなしく聞くだけって言っただろ?」初郎がたしなめると、今度は杏が発言した。

「わたしたちで考えたんです。みんなが幸せになる方法」

わたしたちって誰だ? 幸次郎と……みどりの娘か?

「ふたり、知り合いだっけ?」初郎とみどりが声を合わせる。

「おじいちゃんのお通夜の席で連絡先を交換して」

「時々、情報交換するようになったんです」幸次郎と杏は息が合った様子で言った。

「情報交換って?」初郎が疑問を口にする。

「いや、相続の話に興味があってさ」幸次郎が小さな声で言う。

「幸次郎くん、相続の話を脚本にしたいって」杏が補足する。

「え? 幸次郎、お前、勉強は?」

「まあまあ。それでね、杏ちゃんとふたりであれこれ話していたら、いいアイデア思

いつかカフェにしたらどうかなって」杏が続けた。

「あのね、ここの2階を改装して、カフェにしたらどうかなって」杏が続けた。

「カフェ？」突然の提案に驚いて、初郎とみどりは思わず声を出す。

「和菓子を使った和カフェ。そのカフェをお母さんがやる」

「ええ？　なんでわたしが？」みどりの声が裏返る。

「お母さんが幸せになるから」

「なに言ってんの？」

「一から好きなメニューを考えられるんだよ。きっとすっごく楽しいよ。それでお客さんも喜んでくれるんだよ。お母さんが幸せそうにカフェにいる様子が目に浮かぶもん」

「あのね、杏。あなたは甘いわ。そんなの夢物語よ。カフェをやろうと思ったらね、たくさんのお金と準備が必要なの。まず内装でしょ、それから厨房の調理機具、テーブルや椅子などの大型家具、お皿やカップやカトラリー類。とにかくお金がかかるのよ。カフェの仕事はメニューを考えるだけじゃないのよ」

「お母さん、やけに詳しいわね」

「まあね、一度調べたことがあるのよ」

「内装は大丈夫です」

そう言うと、幸次郎はかばんの中から四つ折りにした、なにやら設計図のようなものを取り出した。

「兄貴に頼んでざっと書いてもらった設計図です」

幸次郎の兄・賢一郎は大学の建築科を卒業した後、大阪の設計事務所に勤めている。

初郎はその設計図をのぞき込んだ。詳しいことはわからないが、プロが作ったものだということはわかる。

「お客さんに出す商品は、優二さんが作る和菓子をそのまま出せばいい。運ぶのはわたしたちがバイトで入るわ」

「わたしたちって、幸次郎くんは浪人生でしょ」

「いやそれが、この計画を立てているのが楽しくて。計画だけじゃなくて、実際に経営に参加させてもらいたいです。大学は、行きたくなったらいつでも行けますから」

「でも……」

「経理関係も手伝うよ。会計ソフトでやればいいんだから」杏もやる気満々だ。

「あのね、テーブルや椅子を選ぶのも、お皿やカップを選ぶのも、一から全部よ。どれだけ大変なのかわかってないでしょ？　とても1人ではできないわ」

「それも大丈夫なんです。うちの母がやる気なので」

うちの母？　うちの母って桜子のことだよな。幸次郎の口から突然桜子の話が出てきたことに初郎はついていけない。え？　なんで桜子が？

「母は昔、インテリア関係の仕事をしていたんです」

ああ、そういえばそうだった。桜子とは社内恋愛で、出会ったとき彼女はインテリア部門で働いていた。でも、それは昔の話だ。それに今は、おれに怒ってるようだし。そんな桜子が手伝うなんて言うか？

「桜子、手伝うって？」初郎は恐る恐る聞いた。

「うん、お母さん、わりとやる気だったよ」

「でも、あれよ。内装費やなにやらお金がかかるじゃない。そんなお金どこにあるのよ。いい？　土地を売らないとお金は入ってこないのよ」みどりはできない理由を必死で探す。

「稼げばいいんですよ」幸次郎がさらっという。

「稼ぐってね、あなた、甘いわ。そんなに簡単に稼げたら誰も困らないわよ。カフェの廃業率は3年以内に約50%、5年以内には約70%なのよ」

「土地がある、立地がいい、四つ葉の看板がある。お客さんもついている。そして、優二さんの腕がある」幸次郎はひるまない。

「お母さんの繊細な味覚と和菓子への愛がある」杏も言う。

「お父さんは、通信販売に力を入れるといいと思う。今までは店頭販売だけだったけれど、通信販売をすればその何倍もの売上が期待できる」

「これ見て」

杏は、スマホを取り出し、いくつかの和菓子の写真を見せた。

「特別な材料を使ってここでしか買えない和菓子を作れば、全国から注文が殺到するわよ」

「例えば、この羊羹は1箱5000円です。和菓子は利益率が高い商品なんです」

幸次郎と杏の提案を聞いているうちに、初郎の中にやっていけるという自信が湧いてきた。四つ葉の新しい商品、その商品を食べられるカフェ、そして、通信販売。家族全員が十分に食べていける利益を出せそうだ。

「ちょっと待ってよ。待って。わたしはカフェをやるなんて望んでいない。わたしはね、お金をもらって残りの人生を遊んで暮らすの。それが心からやりたいことなの。それがわたしの幸せなのよ。人の幸せを勝手に決めないで」

「お母さん。カフェもやる、遊んでも暮らす。どっちかじゃなくて両方やればいいじゃない」杏が笑顔で言うが、みどりはかたくなに嫌だと言い続けた。

その時、優二が「ちょっと待って」というジェスチャーをして立ち上がった。そして、大きめのお盆を持って戻ってきた。そのお盆の上には、色とりどりのカラフルな大福がのっていた。うすピンク、うす黄色、うす緑……少し透明感のあるひと口サイズの大福だ。

「わぁ、きれい！」と杏が声を出した。優二がどうぞと合図をしたので、そこにいた全員が手を伸ばす。中に入っていたのは、「四つ葉大福」で使っていたうぐいすあんだ。

「このあんは、福蔵さんが考え、優二さんに受け継がれた一子相伝のものですな」鈴木さんがひと口で大福をぱくりと食べてそう言った。

みどりも「うん、四つ葉の味よね」とうなずいた。

「これ、絶対売れると思う。このままインスタに載せちゃおう」と杏が写真を撮る。

場の雰囲気が一気に和らいだ。おいしいものは人の気持ちを和ませてくれる。

「でも……うまくいかなかったらどうするのよ」みどりの不安は消えない。

「うまくいかなかったら、その時こそ土地を売ろう。四つ葉を残すためにみんなで力を合わせて、それでもだめならその時は優二だって納得してくれるよ」初郎の言葉に優二がうなずいた。

「でもね、目の前の3000万円をみすみす手放すなんて」みどりはまた戻ろうとする。

「お母さん、お金は使っちゃったら消えるだけだよ。でもカフェをやれば、そのお金を何倍にもできて、お母さんも幸せになって、カフェに来るお客さんのことも幸せにできるんだよ」

杏は少し涙目になって必死で訴える。しばらく沈黙が続いたが、初郎がきっぱりと言った。

「わかった。みどりには何年かかっても必ず3000万円渡すことを約束する。四つ葉の売上から、みどりの給料を優先して渡すから」

「お母さん、やろう。わたしも一緒にやりたいの」杏が言う。優二がうなずく。

「みどり、頼む。みどりの力が必要なんだ。助けてくれ」初郎がみどりに頭を下げた。

その初郎の様子を見た幸次郎が小さくうなずいた。

「いやあ、四つ葉のために、子どもたち、孫たちがこんなにも一生懸命に……福蔵さんも紬さんも、天国で泣いて喜んでいらっしゃるでしょうな」鈴木さんが目を細める。

「では、わたしは一足先に失礼いたします。ちなみに**事業承継**[注13]されるということでしたら、**特定事業用の小規模宅地の評価減**[注14]を適用できますので、相続税は若干安くなります。こちらはまた詳しいことが決まったら計算してまいりますね」

立ち上がった鈴木税理士は、再度仏壇に手を合わせてから部屋を出て行った。

新しい「四つ葉」

その後、話し合いは4時間にわたり続いた。
最後にはみどりが折れた。そもそもみどりがどんなに言い張ったところで、優二が首を縦に振らない限り、土地を売却することはできないのだから。
それに、和菓子を使った和カフェをやるというのは、本当にみどりの夢だったということもわかった。おふくろが病に倒れる前には、食品衛生責任者の資格も取得していたし、カフェ開業に関するセミナーに出ていたこともあるらしい。

いったん覚悟が決まった後のみどりは、今までとは一転、リーダーシップを発揮し、新生四つ葉についての話し合いを引っ張っていった。

3人のきょうだいと2人の子どもたちの目標は一致した。意思を確認しなければいけない人はあと1人、桜子だ。

桜子とは居酒屋でけがをして、入院した8月以来、一度も会っていない。何度もスマホからメッセージを送り、何度も電話をしたが出てくれない。大阪の家まで会いに行って謝るべきなのだろうが、正直なところ合わせる顔がなかった。幸次郎とは連絡を取っているようだし、幸次郎の話では元気にやっているようなので、そのことに甘えて会いに行くという行動を避けていた。でも、もうそうは言っていられない。

新生四つ葉を立ち上げるということは、拠点を完全に東京に移すということだ。相続税や店の改築費用にもお金がかかる。初郎は大阪の自宅を売却してお金を作るのが

注13 事業承継：事業を相続人が引き継ぐこと。

注14 特定事業用の小規模宅地の評価減：相続税の計算において事業用宅地の相続税評価額を減額する制度。事業を継続する相続人が、事業用に使われていた土地を相続した場合に認められる。80%の評価減が受けられる。

いいのではないかと考えていた。だが、それは桜子と相談して決めることだ。そして、桜子にも新生四つ葉を全面的に手伝ってほしいと思っている。

ふたりが出会ったとき、桜子は同じ会社のインテリア部門にいた。インテリアの中でも彼女はカーテンやカーペットなどのファブリックが好きで、そういわれてみれば大阪の我が家のインテリアは、一般的な家庭に比べるとかなりおしゃれな部類に入るのかもしれない。そんなことを今まで気にも留めたことがなかった。彼女の前職のことも、幸次郎に言われるまですっかり忘れていた。結婚して24年、自分がいかに自分のことしか考えていなかったかということが、今はよくわかる。

初郎はスマホのアプリに文字を打ちかけて、手を止めた。そして、引き出しから便箋とペンを取り出し、手紙を書き始めた。

付き合い始めた頃、何度かこうして手紙を書いたことがある。自分が口下手だと自覚していた初郎は、大事なことは手紙で伝えてきたのだ。そう、24年前のプロポーズも手紙だった。プロポーズと同じ熱量で桜子に今の正直な気持ちを書き綴った。

手紙をポストに投函した3日後。桜子からスマホにメッセージが来た。

「年末年始は大阪に帰って来るよね?」

初郎の謝罪

12/25

9カ月ぶりに、初郎の家族全員、初郎、桜子、賢一郎、幸次郎がそろうことになった。初郎は緊張を感じながら玄関のドアを開けた。下駄箱の上には小さなクリスマスツリーが飾ってある。そういえばいつもこの場所には、季節を感じる置き物や花が飾られていた。これも桜子の気配りだったのだな。自宅を離れてみて気がついたことがたくさんある。久しぶりに会った桜子は前よりもきれいになった気がした。

家族全員がリビングに集まった。

「まずはみんなに謝りたい」

そういうと初郎は、理由はどうであれ、酒に溺れてしまったこと、相談することなく会社を退職したこと、そして桜子に手を上げてしまったことを正直に話し、頭を下げた。今までの初郎からは想像ができない姿に、長男の賢一郎は目を丸くしていた。

次に初郎は、これから和菓子屋四つ葉を継ぎ、通信販売やカフェを併設した新しい事業を始めたいと話した。

「幸次郎からその話を聞いた時、ええやんと思ったで」

賢一郎だ。賢一郎は、大学で建築を学び、22歳で一級建築士の資格を取得。現在は、東京に本社のある設計事務所の大阪支店で働いている。

「ちょうど今、おれ、店舗設計をメインにやってるねん。それに、春からは東京への転勤も決まってるし。なにかと手伝えると思うよ」

賢一郎、ありがとう。とても心強い。心配なのは桜子だ。桜子はなんと言うだろう？

「まあ、言いたいことはいっぱいあるけど。それは子どもたちのいないところで話すわ。新生四つ葉については賛成。このままお父さんが、アルコール依存症になって無職の状態が続いたらどうしようかと、そのことだけが心配やった。やりたいと思う仕事が見つかってよかったやん」

そうか、桜子はそこまでの覚悟をしていたのか。

「カフェも手伝うよ。春にパートを辞めてから退屈していたから」

桜子は昔から、決断が速く、過去のことをごちゃごちゃ言わない、さらっとした性格だ。結婚する時も、仕事を辞める時も、子育てのいろんな場面においても、彼女は言いたいことを言った後はさらっとしている。そういうところが魅力的だったと初郎は思い出す。

桜子と結婚してよかったとしみじみ思う。ただ、そんな桜子の性格に甘えすぎていたことも事実だ。これからはなんでも相談して、ともに考えていこう。

話し合いの結果、大阪の家は手放すことになった。結婚と同時に、少し無理なローンを組んで手に入れた一戸建て。2人の子どもを産み育ててきた歴史のあるこの家を手放すことに後悔しないのか、と桜子に確認すると、彼女はこう言った。

「四つ葉に骨を埋めるつもりでやるよね？　背水の陣ってやつよね？　帰る場所がないほうが、わたしの覚悟も決まるわ」

やはり桜子は潔い。この潔さに感謝の念が湧いた。

善は急げで、ネットで自宅の査定をしてもらう。約3000万円から4000万円にはなるらしい。この家を売却したお金と退職金で、新生四つ葉のリフォーム工事を行い、相続税を払うことができそうだ。事業が軌道に乗るまでの生活費も出せるだろう。みどりと優二、桜子や杏や幸次郎にも、家族だからといって甘えず正当な報酬を払いたい。

第４回遺産分割協議

1/15

年が明け松の内を過ぎた頃、四つ葉で４回目の遺産分割協議が行われた。今回の参加者は、３きょうだいに桜子、幸次郎に杏、そして鈴木税理士だ。

「土地建物を初郎さん、みどりさん、優二さんの**共有名義**[注15]にされたいということですね」鈴木税理士の言葉に３人がうなずく。

「はっきり申し上げますが、不動産の共有はおすすめできません。共有は〝競誘〟と書いて争いを誘引すると言われています」

そうだろう、と初郎は思った。今回の相続だってこんなにモメるとは思っていなかった。ただ、モメたおかげでこれまでほとんど会話のなかった幸次郎との交流が生まれ、家族、きょうだいとも話し合い、これからの人生について考えることができた。今のところ、全員にとっていい選択ができたのではないかと思っている。

「それについてはよく話し合いましたから」初郎は自信を持って答えた。

「ええ、もちろん、皆さんの代は大丈夫でしょう。モメ事が発生するのは、次の世代の相続です。今の皆さんのお気持ちとお子さんたち、お孫さんたちの気持ちはかけ離れていくものなのです」

その次の世代の子どもたちがここにいる。

「少し発言してもいいですか?」と言って杏が話し始めた。

「これからわたしたちは、家族で四つ葉という事業をやっていくことになります。そこで、家族経営がうまくいくために必要なことを調べました。そのひとつが、経営理念やビジョンの共有です」

杏に続いて幸次郎も話す。

「四つ葉の経営理念を作成するとともに、家族憲章も作成します」

家族憲章?　幸次郎と杏以外の大人たちは首をひねる。

「家族のメンバーが守るべき理念や価値観、行動指針などを記した文書のことです。ファミリーミッション・ステートメントとも言います」

「カタカナはよくわからないわ」とみどりが言う。

「まあ、わたしたちに原案を作らせて」と杏が言う。

注15　共有名義：複数人が共同で所有すること。

「わかりました。ではその家族憲章ができたらぜひ教えてください。どんなものか楽しみですな。若い人の考えることは我々の常識を超えていきますな。では、福蔵さん名義の土地建物は、相続人3名の共有名義とし、事業を継承するという形で書類を作成してまいります」

「和菓子&和カフェ　四つ葉」オープン

4月初旬、例年より冬が長かったためか、今年は桜の開花が遅い。おかげで四つ葉の新装開店日は、ちょうど東京での桜の満開の日と重なった。幸先のいいスタートに、初郎の心が躍った。

1月の遺産分割協議から今日までの約3カ月。新生四つ葉に関わる全員が、まるで激流にのみ込まれたような忙しさだった。

まずは、妻の桜子が大阪の家の荷物を整理し、関東のマンションに引っ越した。大阪の自宅はすぐに買い手が見つかり、3000万円の現金が手に入った。

それから、四つ葉の近くに優二がマンションを借りた。2階をカフェにするために、優二には家を出てもらう必要がある。家探しや引っ越しは、将来の1人暮らしの練習になるからと、杏と幸次郎の2人が請け負った。四つ葉のすぐ近くに、古いが日当たりのいい1DKの、優二には少しおしゃれすぎるマンションが見つかった。

カーテンや布団、家電や食器など生活に必要なものを買いそろえる過程において、少しずつ、優二は杏と幸次郎となら話せるようになっていった。3人でいる時には優二の笑顔が見えることさえある。

実家を出た優二は、食料品も自分で買わなければいけない。初めてのコンビニ、初めてのスーパー。最初は杏と幸次郎が付き合ったが、優二が1人で買い物ができるようになるまで、そう時間はかからなかった。そのうち、本屋に行ったり、外食をしたり、電車に乗って映画を観たりと、1人でできることがどんどん増えていった。杏と幸次郎には感謝しかない。

上京した桜子は、早速みどりと和カフェ四つ葉のコンセプトやインテリアの相談を始めた。時にはぶつかることもあるようだが、お互いよりよいカフェを作るという共通の目標に向かう仲間として動いてくれている。家具やファブリック、食器を探すため、2人は連日、ショールームや家具屋、食器類の問屋を回り、カフェでお茶をし、夜中まで電話で話をしている。女子高校生のように楽しそうだ。こんなにいい顔をしている桜子やみどりを見たことがない。

内装デザインと工事は、賢一郎の会社が家族価格で請け負ってくれることになった。新生四つ葉の設計は、これまでアシスタントだった賢一郎のデビュー作となったのだ。設計とリフォーム工事を合わせて実際の半分以下の値段で施工してもらうことができた。

新生四つ葉での商品のラインアップについては、全員で話し合った。

気軽に立ち寄ってもらうための低価格商品としては1個40円の饅頭と1本30円のみたらし団子。通信販売は、日持ちがする贈答用の菓子。通信販売のシステム作りには前職の経験が役立った。細かい点は、「和菓子の田中」の田中さんに相談に乗ってもらった。カフェメニューは、優二が作る和菓子にひと工夫を加えたもの。最初の看板メニューは、餅生地に2種類のあんこ、そして、アイスやフルーツをトッピングして作る自分で包むフルーツ大福に決まった。

そして、名物「四つ葉大福」は季節ごとに求肥の色を変え、その季節でしか味わえない「新・四つ葉大福」へと生まれ変わった。

新装開店の今日。店先には田中さんや商店街、取引先の問屋さんからの胡蝶蘭が並んでいる。1階は作業場と店舗、2階は和カフェ四つ葉だ。

新しく作り直した四つ葉をイメージしたのれんを出そうと一歩外に出て、初郎は驚いた。そこには20人ほどの行列ができていたのだ。

1階の作業場では優二がピンク色の求肥で、うぐいすあんを包んでいる。4月の「四つ葉大福」は、イチゴ果汁を混ぜ込んだピンク色の大福だ。優二の横では、杏が「四つ葉大福」を個包装用のパックに詰めていく。みどりは包装前のできたての大福を2階に運んでいる。桜子は店先で陳列棚の和菓子をきれいに並べている。それぞれが期待に満ちた表情できびきびと準備をしている。家族全員が新生四つ葉のスタートに向かってひとつになっている様子を見て、初郎の胸に熱いものがこみ上げてきた。

「大丈夫、やっていける。きっとうまくいく」

少し冷静になろうと店の奥の仏壇の前に座った。仏壇には、福蔵と紬の写真が飾ってある。そして、四つ葉の名物、四つ葉大福が供えられていた。思わず手を合わせる初郎。

「お父さん、お母さん、無事に開店できたよ。ここまで見守ってくれてありがとうございます」

初郎が頭を下げた時、開けていた窓から舞い込んだ桜の花びらが、福蔵の写真の前に優しく舞い降りた。

【解説】

◎相続とは「すがたを続ける」こと

四ツ葉家の相続では、一時は土地を売却してお金を分けようという案も出ましたが、話は一転、3人のきょうだいとその家族でお店を続ける道を選びました。

相続の「相」とは、人相・面相という言葉があるように「すがた」とも読めます。「すがた」を続けることが相続といわれています。

同じ場所で、お店を続けるということ、そして、地域の人に喜んでもらえる和菓子を提供し続けること——3人のきょうだいにとって、それこそが父である福蔵さんの「すがた」を続けることなのでしょう。

親の財産を受け継ぐ相続では、土地や家、預貯金だけでなく、四ツ葉家のように家業を受け継ぐこともあります。それが事業承継です。

【解説】

◎事業承継には3つのパターンがある

事業承継には、主に次の3つの方法があります。

1 **親族内承継**……家族や親族に事業を引き継ぐ方法
2 **従業員承継**……従業員の中から後継者を選び、事業を引き継ぐ方法
3 **第三者承継（M&A）**……外部の第三者に事業を売却する方法

四つ葉家の場合は1の「親族内承継」に当たります。
優二さんが父福蔵さんから伝承された和菓子作りの技術を、みどりさんが和カフェを、初郎さんが通信販売を駆使して、和菓子屋四つ葉の事業が承継されました。

事業承継のプロセス
事業承継は、以下のような流れで進めます。

1 **後継者の選定**
親族内、従業員、第三者の中から適切な後継者を選びます。

2　**事業の評価**

事業の価値を評価し、承継のための準備を行います。

3　**承継計画の策定**

具体的な承継計画を立て、後継者の教育や資金調達の計画を立てます。

4　**実行とフォローアップ**

計画に基づいて事業承継を実行し、必要に応じてフォローアップを行います。

初郎さんは、父福蔵さんの知り合いである田中さんのもとで学んだことで、事業承継に必要な和菓子店の経営について学ぶことができましたが、事業承継を考えている方の場合は、早い段階でバトンタッチの準備を進めておくとスムーズです。

◎事業承継の際に使える優遇措置

事業承継の場合、相続の際に優遇措置を受けられます。それが「特定事業用の小規模宅地の評価減」という制度です。

【解説】

特定事業用の小規模宅地の評価減

相続税の負担を軽減するための制度で、特定の要件を満たす事業用の宅地について、その評価額を大幅に減額することができます。

評価減の割合

・評価減の割合……特定事業用宅地等の評価額は、最大で80％減額される。
・適用面積の上限……４００㎡までの部分が対象。

適用要件

特定事業用宅地等の特例を適用するためには、以下の要件を満たす必要があります。

・被相続人が個人事業を営んでいた土地であること。
・相続税の申告期限まで事業を継続していること。
・相続した土地を申告期限まで保有していること。
・申告期限までに遺産分割を終えて申告書を提出すること。

【解説】

事業承継者が複数の場合

事業承継者が2人以上でも特例の適用は可能です。ただし、以下の点に注意が必要です。

・事業の継続……複数の相続人がそれぞれ個人事業主として継続することが求められる。

・土地の保有……相続した土地を共同で保有し、申告期限までに売却しないことが必要。

事業承継した場合の相続税の計算例

四ツ葉家を例に、事業承継した場合の相続税の計算方法について説明しましょう。

相続税の土地の評価額は9223・7万円でした。

1階、2階とも、所有者は3人のきょうだいです。

1階部分の利用者は、初郎さんと優二さんです（和菓子屋の事業承継）。2階部分の利用者はみどりさんです（和カフェの開店）。

この場合、この土地のうち1階部分の初郎さんと優二さんの持ち分、つまり全体でいうと6分の2相当分が、小規模宅地の評価減80％の対象となります。

金額にすると、9223・7万円の6分の2である3074・6万円が対象です。その80％は2459・7万円となり、

9223・7万円－2459・7万円＝6764・1万円

これが土地の評価となります。

これに建物100万円と預貯金300万円を加え、

6764・1万円＋100万円＋300万円＝7164・1万円

これが相続税の対象となります。ここから基礎控除額4800万円を引くと、

7164・1万円－4800万円＝2364・1万円

が課税対象です。これを3人で分けると、

事業承継した場合の相続税課税対象財産

相続財産	土地	相続税評価額（路線価×㎡）	9223.7万円
		特定事業用の小規模宅地評価減の対象分土地2/6	3074.6万円
		特定事業用の小規模宅地80％減	2459.7万円
		土地の最終評価	**6764.1万円**
	建物		**100万円**
	預貯金		**300万円**
相続税課税対象合計			**7164.1万円**

2364・1万円÷3人＝788万円

が1人当たりの課税対象額です。この時の税率は10％ですので、1人当たりの税金は78・8万円。3人分を合計すると、

78・8万円×3人＝236・4万円

売却の時の相続税573・6万円（54ページ参照）に比べて、相続税は半分以下になりました。

実際の相続税額負担額を計算する場合は、相続した財産の割合に応じて配分されます。初郎さんと優二さんは事業用の小規模宅地の評価減が受けられるので、みどりさんより少なく、初郎さんと優二さんは65・3万円、みどりさんは105・9万円となります。

納税方法は、四ツ葉家の場合、初郎さんと優二さんは自分のお金から払えるでしょう。

相続税を計算する

課税対象	全体（相続税課税対象から基礎控除額4800万円を引く）		2364.1万円
	個人	全体を相続人の人数（３人）で割る	788万円
		税率	10%
		速算控除	0円
相続税	**個人**		**78.8万円**
	全体（3人分の合計）		**236.4万円**

【解説】

もし、みどりさんの手元にお金がなければ、みどりさんの相続税105・9万円は初郎さんが立て替える方法もあります。みどりさんは和カフェ四つ葉の給料をもらい、その立替金の返済をしていけばいいでしょう。

◎相続が進展するきっかけ

「まずはみんなに謝りたい」と初郎さんは頭を下げます。

多くの相続を見てきて、今まで謝ったことがない人が謝ると、話は前へ進むことが多いと感じます。

初郎さんの場合は、もちろん次男である幸次郎さんの根回しがあってのことですが、「利他《りた》」で動ける人がいると、解決の方向性が見えてくることがあります。

利他とは、自分の利益ではなく、他人の利益を優先させる姿勢のことです。利他で動ける人は、モメない相続、さらには幸せな相続のキーパーソンといえるでしょう。

わたしたち税理士は、時に相続人以外の利害関係者全員（相続人の夫や妻など）にも会うことがあります。それは、このようなキーパーソンを見つけるためでもあるの

事業承継した場合、それぞれが払う相続税

所有形態：３人共有

利用形態：１階 和菓子店
（初郎と優二が事業継承）

初郎

1階部分	評価減前	1537.3万円
	評価減	1229.8万円
	評価減後	307.5万円
２階部分		1537.3万円
他の財産		133.3万円
合計		1978.1万円
相続税		**65.3万**円

みどり

1階部分	評価減前	1537.3万円
	評価減	0円
	評価減後	1537.3万円
２階部分		1537.3万円
他の財産		133.3万円
合計		3207.9万円
相続税		**105.9万**円

優二

1階部分	評価減前	1537.3万円
	評価減	1229.8万円
	評価減後	307.5万円
２階部分		1537.3万円
他の財産		133.3万円
合計		1978.1万円
相続税		**65.3万**円

【解説】

です。

◎なぜ、不動産の共有は難しいのか

きょうだい3人で土地・建物を共有する形で相続するという案について、鈴木税理士は当初反対していました。

実際の相続においても、相続人で不動産を共有するケースはありますが、後々のトラブルを招かないよう、慎重に判断する必要があります。その理由としては、以下のようなものがあります。

1　売却や増改築の困難さ

共有名義の不動産を売却したり、増改築したりするには、共有者全員の同意が必要です。これにより、意見が一致しない場合には、売却や改築が進まないことがあります。

2　税金の負担

共有名義の不動産にかかる固定資産税は、代表者が一括して支払うのが一般的です。しかし、他の共有者が税金を負担しない場合、代表者が全額を負担しなければならないことがあり、トラブルの原因となります。

3 **共有者の増加**

相続が繰り返されるたびに共有者が増え続けるため、全員の合意を得ることがますます難しくなります。これにより、管理や処分が困難になることがあります。

4 **意見の不一致**

共有者間で意見が一致しない場合、物件の管理や運用に関する決定が遅れることがあります。特に、収益物件の場合、収益の分配や管理費用の負担についての意見の相違が問題となることがあります。

5 **法的手続きの複雑さ**

共有名義の不動産を分割するためには、法的手続きが必要となる場合があります。これには時間と費用がかかり、相続人間の関係が悪化することもあります。

これらの理由から、相続時にはできるだけ共有名義を避け、個別に分割するか、代

【解説】

償分割や換価分割などの方法を検討することが推奨されます。具体的な状況に応じて、専門家のアドバイスを受けることが重要です。

ただ、その提案を覆すほど、四ツ葉家は家族のつながりが強かったわけです。珍しいケースではありますが、すてきな物語です。きっと父福蔵さん、母紬さん、ふたりの想いが、時空を超えて子どもたちに伝わったのかもしれません。

【解説】

◎想いを一つにする「家族憲章」

家族憲章とは、一族（家族）のルールや価値観、使命を文書化したものです。これには、地域社会への貢献の在り方や事業承継の方針などが含まれます。主な目的は、一族とその事業が後継世代にわたって繁栄し続けることです。

家族憲章のルーツは欧米に由来します。特に、欧米のファミリービジネスで「ファミリー憲章」として広く採用されています。日本でも、明治時代の財閥ファミリーが家族憲章を策定していた歴史があります。

エピローグ —— 幸次郎

20年後の「四つ葉」

「パパ、待って〜」「ほら〜、走らない」

3歳になる息子を、39歳になったぼくが追いかけている。和カフェ四つ葉。普段はほぼ満席の店内だが、今日は定休日なので静かだ。

「幸次郎くん、これ」

同じく39歳になった杏がおやじの代から受け継がれてきた掛け軸を持ってきた。

「四つ葉しあわせ会議」

四つ葉のお得意さまである書道家に書いてもらったものだ。

20年前、父初郎、みどりさん、優二さんの3人が土地を共有する形で相続し、新生四つ葉が立ち上がった。経営は至って順調。1年後には、株式会社四つ葉を設立、父が代表になり、みどりさんと優二さんが取締役になった。四つ葉に関わる家族みんなに十分な給料が支払われるようになるまで、そう時間はかからなかった。

今日の会議の議題は、父の遺産相続についてだ。父は、祖父福蔵と同じく72歳で亡くなった。すい臓がんだった。気がついた時にはすでに手遅れで、半年ほどの闘病を経て、先月亡くなった。

株式会社四つ葉の新代表は優二さんになった。父が四つ葉を継ぐと同時に、父は人前に出ることを嫌う優二さんを、商工会議所や和菓子協会、商店街の集まりに必ず同行させた。店先にも立たせ、接客も任せていた。少々スパルタ的なやり方だったが、優二さんもそこに父の想いを感じたのだろう。数年かけて、ゆっくりゆっくりと優二さんは人とのコミュニケーションの取り方を覚えていった。今では、優二さんが話せなかったなんて信じられないほど、接客はもちろん、取引先とのやりとりもこなしている。

四つ葉の土地は、父、みどりさん、優二さんの3人の共有のままだ。会社設立後は、会社から賃貸料を3人に払っていた。毎年の「四つ葉しあわせ会議」では、どこかのタイミングで3人の共有になっている土地の名義を会社名義にするという話が出ていた。今回、父が亡くなったことで四つ葉の土地は株式会社四つ葉の名義に変えることになるだろう。個人から法人への土地の売却となり、ここでみどりさんは３０００万円を手にすることになりそうだ。新生四つ葉開業時からの給料と合わせ、みどりさんは20年前に手にするはずだった３０００万円を優に超えるお金を手にすることができたのだ。

みどりさんと母桜子は10年ほどカフェ四つ葉の経営に邁進したが、みどりさんが60歳になった時に引退するといってカフェを娘の杏ちゃんに任せることにした。

杏ちゃんは大学を卒業すると、そのまま株式会社四つ葉に就職。カフェ部門を一手に引き受けた。その後どこで出会ったのか、イケメン菓子職人をスカウトしてきたと思うと、そのまま結婚をした。杏ちゃんの夫になった隼人さんは、優二さんと一緒に四つ葉で菓子を作っている。

みどりさんと母桜子は、まるで親友のように仲良くなり、四つ葉のための視察と称して、ふたりで海外や国内のあちこちに旅行に出かけている。杏ちゃんは、お母さんに友達ができて本当によかったと心底うれしそうだ。

この先、優二さんになにかがあれば、株式会社四つ葉は杏ちゃんが継ぐことで全員が同意している。

兄の賢一郎は四つ葉の店舗プロデュースをきっかけに、次々とカフェ設計を手掛け、今では青山に大きなオフィスを構えている。

そして、ぼく?

ぼくは四つ葉が株式会社になる際に、経営のことを学びたくなり、4年遅れで大学に入学した。経理関係は四つ葉の弱点だったので、一念発起し、税理士の資格を取得した。今では、四つ葉の顧問税理士であるとともに、小さな事務所も持っている。趣味で書いた「相続の小説」が話題になり、その影響で相続関係の相談が後を絶たない。相続業務の依頼で相談者のご自宅を訪問した際には、必ず仏壇に手を合わせ、お焼香をさせていただいている。師匠のひとりでもある田中税理士からの直伝だ。

20歳の時に、杏ちゃんと欧米のファミリーミッション・ステートメントをまねて作成した家族憲章は、株式会社四つ葉の経営理念とともに引き継がれている。毎年8月1日には、「四つ葉しあわせ会議」と称して、親族全員で集まり、家族憲章、経営理念を確認し、必要なら修正を重ねている。

父初郎が作ったこの大家族会議は、この先もずっと続いていく。

「パパ、これだあれ?」

カフェの片隅には、祖父福蔵、祖母紬、父初郎の写真がセンスよく飾られている。

「ああ、これはね」

光の加減で、写真の中の父が笑っているように見えた。

四ツ葉家の家族憲章

第１条

わたしたち四ツ葉福蔵の
①相続人及び配偶者
②相続人の相続人及び配偶者
③子孫及び配偶者
は、四ツ葉福蔵及び紬の願いに即して、これからも家族による家族の幸せを守っていきます。

第２条

我々家族の意見が食い違った時は、対話によって解決します。多数決ではなく、皆が話し合い、皆の幸せはなにかを目的に対話をして決めます。

第3条

家族憲章の作成は
長男初郎、配偶者桜子
長女みどり、配偶者嘉平
次男優二
そして初郎の長男賢一郎及び次男幸次郎、みどりの長女杏による発案であり、合意事項です。

第4条

この家族憲章は、家族一丸となって四つ葉を守っていくために、作成されたものです。

和菓子&カフェ 四つ葉
四つ葉大福
WAGASHI & CAFE
YoTSUBA

おわりに――天野隆

これまでに、相続を3万件近くお手伝いしてきましたが、なかには幸せな相続と幸せでない相続がありました。

相続は、家族にとって大きな節目となる出来事です。その相続が幸せなものであってほしいと願いながら、さまざまな情報を発信してきました。

一般的に、いい相続というと、相続金額が多かったり相続税が安く済んだり、といったことが思い浮かぶかもしれません。しかし、わたしはその先の「相続で幸せになる方法」について考え続けてきました。そして、小説仕立てにするといいのではないかと思いつき、今回新たなチャレンジをしてみました。

こうしてでき上がったこの本は、わたしの１０５冊目の書籍となります。

この本は、実に多くの人のつながりによって誕生しました。

わたしの提案をすぐに企画にしていただいた青春出版社の深沢美恵子さん、一緒にウェルビーイングな執筆活動をしてくれた作家の伊藤かよこさんがいてくれたおかげで、この本をまとめることができました。

また、伊藤さんとの出会いを作っていただいた武蔵野大学ウェルビーイング学部長前野隆司教授、和菓子に関する取材をさせていただいた菓匠風月の代表藤田浩一様、そして藤田様を紹介してくださった株式会社マイステック社長の石川美菜子様、武蔵野大学ウェルビーイング学部の中村一浩准教授・秦宇宙さんをはじめ生徒諸君、「会計事務所をいい状態にしたい研究会」に参加していただいた公認会計士・税理士の先生方に、深く感謝申し上げます。ありがとうございました。

さらに、陽田賢一税理士、武田利之税理士、高原直樹税理士、伊藤郁也さんをはじめとする税理士法人レガシィのメンバーには、四ツ葉家の相続を実際の事例として扱い、相続税の計算など、さまざまなシミュレーションもしていただきました。

相続で扱うのは、お金や不動産といった「地位財《ちいざい》」です。しかし、こうしたものを相続しても、その幸せは長続きしないといわれています。一方で、親から受け継いだ考え方や習慣、さらには人脈といった「非地位財」は、形はなくとも幸せが長続きするものなのだそうです。

多くの方の相続を間近で見てきて、わたし自身もそのことを実感しています。

この家族の物語が、皆さまの幸せな相続のヒントになれば幸いです。

おわりに ―― 伊藤かよこ

本書を手に取ってくださり、ありがとうございます。

「相続といえばお金」というイメージを一新し、「相続で幸せになる」物語を紡ぎたい――。天野隆先生からそんな熱いメッセージをいただいたのは、２０２４年6月のことでした。

わたしは、２０１６年に「腰痛改善」と「幸せ」についての小説『人生を変える幸せの腰痛学校』（プレジデント社）を上梓しています。『腰痛学校』を読んでくださった天野先生が、「相続と幸せ」という新たな物語の共著者として、わたしに声をかけてくださいました。

さて、幸せとはなんでしょうか？

わたしは長らくアドラー心理学を学んでおり、幸せを「共同体感覚」と捉えています。

共同体感覚とは、自分が共同体（家族、会社、地域、国、地球）の一員であり、自分の能力を生かし、共同体のために役に立っている、必要とされているという感覚だと理解しています。

この物語の主人公、四ツ葉初郎は、家族という共同体から疎外感を抱いていました。そんな彼が、相続をきっかけに家族とのつながりを取り戻し、新たな幸せを見つける物語です。

物語の中で、初郎はさまざまな壁にぶつかり、葛藤します。しかし、両親の想い、昔の記憶、父親の友人からのサポート、長男としての責任感、妻や息子の温かい支えなどにより、彼は少しずつ変わっていきます。この物語を通じて、読者の皆さまにも、何かしらの気づきや共感を得ていただけたら幸いです。


本書の執筆過程は、まさに共同体感覚にあふれたものでした。

わたしは過去に3冊の著作を出しておりますが、わたしにとって執筆は孤独な作業でした。しかし今回、天野先生と編集の深沢さんでチームを組み、同じ目標に向かってそれぞれの能力を発揮し合えたと感じています。

また、人生初の取材にも行きました。菓匠風月の代表藤田浩一さんには、和菓子作りの現場を案内していただき、和菓子作りのシーンに具体的な表現を加えることができました。

そして、原稿が完成する前の段階で多くの方に読んでいただき、自分では気づかない点を指摘していただきました。おかげでより納得感のある物語になったのではないかと思います。協力いただいたＥＮＢＵゼミナールの斉藤遼太郎さん、日下部淳さん、大浦慶文さん、櫻井克己さん、柴田照美さん、石村恵さん、白石純也さん、真次純さん、佐藤正昭さん、宮崎恵美子さん、藤本聡美さん、河端綾乃さん、稲葉みどりさん、櫻井賀津子さん、片桐ひとみさん、古山則子さん、ありがとうございました。


相続は人生における大きな転換期です。本書が、相続を控えている方、あるいはすでに相続を経験された方にとって、少しでもお役に立てれば幸いです。

そして、この物語が、読者の皆様の心に、家族の大切さ、そして「幸せ」の意味を問いかけるきっかけになれば、著者としてうれしく思います。

税理士法人レガシィ

〒104-0028　東京都中央区八重洲2-2-1
東京ミッドタウン八重洲 八重洲セントラルタワー12階
（TEL）03-3214-1717
（FAX）03-3214-3131
（ホームページ）https://legacy.ne.jp/

「相続のせんせい」（会員登録無料）にて、
お役立ち情報を発信中
https://souzoku-no-sensei.legacy.ne.jp/portal

天野隆 YouTube
「天野隆のプラス発想応援チャンネル」
UCfcZDKfQhg89kVNyAMrBnZQhttps://www.
youtube.com/channel/

天野隆 X（旧 Twitter）
「天野隆＠プラス思考士業を応援します」
https://X.com/AmanoLegacy

天野隆 Facebook
https://m.facebook.com/100086103013825/

伊藤かよこ ホームページ
https://www.itokayoko.com/

著者紹介

天野　隆　（あまの たかし）
税理士法人レガシィ代表社員税理士。公認会計士、宅地建物取引士、CFP。1951年生まれ。慶應義塾大学経済学部卒業。アーサーアンダーセン会計事務所を経て、1980年から現職。『相続格差』『【最新版】やってはいけない「実家」の相続』（小社刊）他、105冊の著書がある。

伊藤かよこ　（いとう かよこ）
作家、心理療法家、鍼灸師。心身症専門の鍼灸師として各種心理療法を学ぶ。2016年、認知行動療法を小説化した『人生を変える幸せの腰痛学校』で作家活動を始める。現在は、心身相関についての個別相談や講座を行っている。

税理士法人レガシィ　（ぜいりしほうじん れがしぃ）
1964年創業。相続・事業承継専門の税理士法人として累計相続案件実績件数は3万件を超える。日本全国でも数少ない、高難度の相続にも対応できる相続専門家歴20年以上の「プレミアム税理士」を多数抱え、お客様の感情に寄り添ったオーダーメードの相続対策を実践している。

「実家《じっか》の相続《そうぞく》」がまとまらない！

2025年２月28日　第１刷
2025年４月30日　第２刷

著　　者　天野《あまの》　隆《たかし》
　　　　　伊藤《いとう》かよこ
　　　　　税理士法人《ぜいりしほうじん》レガシィ

発 行 者　小澤源太郎

責任編集　株式会社 プライム涌光
電話　編集部　03(3203)2850

発 行 所　株式会社 青春出版社
東京都新宿区若松町12番１号 〒162-0056
振替番号　00190-7-98602
電話　営業部　03(3207)1916

印　刷　中央精版印刷　　製　本　フォーネット社

万一、落丁、乱丁がありました節は、お取りかえします。
ISBN978-4-413-23393-4 C0032